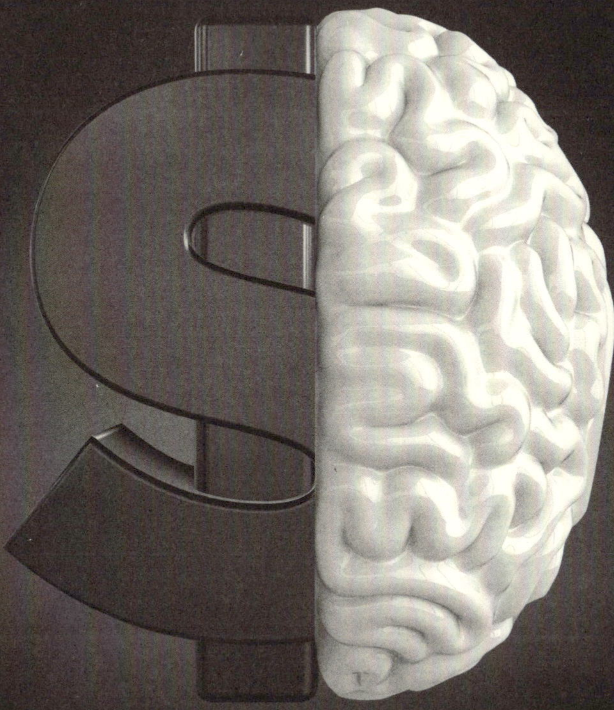

FINANCEIRAMENTE

28 PASSOS PARA A SUA LIBERDADE FINANCEIRA

EDITORA
CHAVE MESTRA®

Título original em Português: Financeiramente, 28 passos para a sua liberdade financeira

Direção Geral: Rogério Vale e Raquel Medeiros
Diretor Editorial: Enio Ribeiro
Coordenadora Editorial: Andrea Feriani
Projeto Gráfico: Cris Spezzaferro
Capa: Sergio Macceddo
Revisão: Gabrieli Brisola e Híllona Anjos

O conteúdo desta obra é de total responsabilidade dos autores e não reflete necessariamente a opinião da editora.

Dados Internacionais de Catalogação na Publicação (CIP)

V149 Vale, Rogério. (Organizador)
Financeiramente / Rogério Vale (Org.) – Barueri, SP: Chave Mestra Editora, 2022. 186 p. : 16 x 23 cm

ISBN 978-65-995769-6-6

1. Mentalidade financeira. 2. Finanças. 3. Desenvolvimento pessoal. 4. Riqueza.
5. Sucesso nos negócios. 6. Finanças pessoais. I. Título.

CDD 332.024

Sumário

Prefácio

O ano era 2017 e eu estava com uma reunião marcada com um dos homens mais bem sucedidos da minha cidade, havia conseguido essa façanha devido à nova rede de contatos que eu estava começando a criar, mesmo sem ter noção nenhuma **(aqui estou falando de networking)**.

Por volta das 16h horas, começou a tão aguardada reunião na casa do professor Wesley de Paula. Aquele homem rico em conhecimento e sabedoria, de uma forma muito educada me perguntou: "Como posso te ajudar?" Eu falei por volta de 30 minutos sem parar e quando acabei de falar ele me disse: "Desculpe, mas não posso te ajudar, você desconhece os princípios" **(aqui estou falando de princípios)**.

Confesso que aquilo foi um soco no meu estômago, um choque de realidade que nunca tinha me deparado antes! Eu era um prepotente, pensava que sabia de tudo e que os resultados financeiros que eu não tinha eram simplesmente porque as pessoas não me ajudavam e porque eu ainda não tinha encontrado a grande oportunidade (**aqui estou falando de autoconhecimento ou a falta dele)**.

Eram 16h32 quando ele liberou mais um ensinamento daquela tarde. Ele recomendou que eu iniciasse a minha jornada com a leitura do livro *O homem mais rico da Babilônia* e depois um outro chamado *Pense & Enriqueça* **(aqui estou falando de conhecimento)**.

Naquela tarde o professor me desbloqueou! Ele foi, como eu costumo dizer, uma figura de transição na minha vida. Eram 16h35, e eu estava deixando a casa do professor para enfrentar dois dias inteiros de fortes dores na cabeça e no corpo **(aqui estou falando de choque de consciência)**.

Essa foi a origem real da revolução que aconteceu na minha vida. Para ir direto ao ponto, mergulhei no conhecimento desses livros indicados pelo professor, busquei de uma forma verdadeira a renovação da minha mentalidade financeira e emocional, me conectei de forma profunda

- espiritualmente falando - e busquei durante anos os conhecimentos e ferramentas que precisava para construir o sucesso financeiro que tanto sonhava, mas não tinha ideia de como realizar **(aqui estou falando de buscar as pessoas certas, mentores para te ajudar a compor as peças do seu quebra-cabeça)**.

O tempo passou e 4 anos depois reencontrei o professor Wesley. Ele me recebeu em sua casa novamente, e dessa vez, para comemorarmos os resultados positivos consequentes daquela tarde de 2017. Ali iniciamos algo que não poderia ser imaginado alguns anos antes: me tornei mentor dele em um de seus negócios.

Ao ler esse livro, você terá uma grande oportunidade de se conectar com a mente e a experiência de 28 especialistas do mercado financeiro. Mentores que alcançaram êxito e que hoje transbordam os seus conhecimentos e *insights* para lhe ajudar a também alcançar a sua independência financeira.

Aquilo que o mercado oferece de forma solta, aleatória e que exige de você pesquisa e tempo, nessa obra você encontrará, de maneira concentrada e objetiva. Há diversas soluções, informações e códigos profundos da mentalidade financeira eficaz que irão te levar para o próximo nível. Financeiramente é mais que um livro, é um manual somado ao acesso de uma mente mestra! Assim como aconteceu com os grandes homens e mulheres que um dia tiveram esse acesso, você também, a partir de agora, vai colher os frutos desse desenvolvimento **(aqui estou falando de resultados reais, FINANCEIRAMENTE falando)**.

Ótima leitura,
Rogério Vale

"A sua mente está treinada para te manter exatamente onde você está agora e não aonde você quer chegar. A conversão está na busca pela sua essência (princípios e valores) e na mudança de uma mentalidade limitada para uma mentalidade próspera e abundante financeiramente."

Mariana Macedo Rocha

Capítulo 1

O despertar da mentalidade financeira

Nasci em uma família tradicional, pais casados e trabalhadores que deram duro para criar eu e minha irmã. Fui educada com muito carinho, atenção e pulso firme, aprendi que dinheiro não cai do céu e nem dá em árvore. Vi e vivi situações de oscilação financeira no orçamento familiar, como "normalmente" se vê na maioria dos lares.

Bem, talvez você ainda não estude sobre inteligência emocional e reprogramação de crenças e por isso não tenha percebido que citei no parágrafo acima uma frase limitante sobre dinheiro: "**aprendi que dinheiro não cai do céu e nem dá em árvore**". Afinal, o que uma frase tem a ver com a sua situação financeira atual? E a resposta é: tudo! Porque são essas verdades absolutas (crenças) que você carrega dentro de si que estão determinando os seus resultados financeiros atuais. É sobre o que foi "plantado" na sua mente que eu vou falar ao longo deste capítulo.

Me recordo que quando era adolescente, sempre pensava em uma forma de ganhar dinheiro para não ter que pedir aos meus pais. Eu fui atleta amadora de handball e jogava pela cidade de Barretos - SP (onde nasci e vivi até os meus 19 anos) e algumas vezes fui remunerada financeiramente, de forma simbólica, pelo meu trabalho (aqui considero a minha primeira experiência em ganhar dinheiro). Eu amava treinar e competir, fiz isso durante 7 anos - dos meus 13 aos 19 anos - e foi graças ao esporte que eu consegui estudar como bolsista nas melhores escolas particulares da cidade. Esse trecho da minha história foi um alinhamento de propósito e crescimento financeiro.

A primeira reflexão que quero que você faça é: o seu propósito está alinhado com o seu crescimento financeiro? Se você ainda tem dúvidas sobre qual é o seu propósito, acredite, ele está dentro de você, adormecido, à espera da sua decisão por despertá-lo. Além disso, lembre-se diariamente de quem você é, que não é o que você faz ou tem (seus bens materiais), mas quem você verdadeiramente é, pois se você não tem clareza da sua identidade, talvez seja porque você está vivendo a vida do outro ou vivendo o que o outro quer que você viva.

O primeiro passo para você conquistar sua liberdade financeira é ter consciência da sua situação atual juntamente com aquilo que você aprendeu sobre finanças e o que está programado na sua mente sobre dinheiro e riqueza. Determine aonde você quer chegar financeiramente, pois consciência e decisão são cruciais para você conquistar algo.

E como eu tomei a decisão de mudar minha mentalidade sobre isso?

No início do ano de 2015, eu me vi sentada na frente de uma psicóloga que me diagnosticou com síndrome de *burnout* (stress mental devido ao excesso de trabalho); três meses depois passei pelo fim de um relacionamento amoroso e 1 ano e meio depois do ocorrido eu estava à beira de um abismo emocional. Foi então que conheci o verdadeiro amor de Deus e comecei a minha jornada de autoconhecimento através do estudo da Bíblia. Minha primeira decisão foi buscar incansavelmente por autoconhecimento e desenvolvimento pessoal.

Apliquei várias metodologias na minha vida, porém, eu tinha um sistema mental que me boicotava o tempo todo. Era como se eu tivesse um inimigo invisível que vivia na minha mente e sempre que eu decidia algo, pouco tempo depois aquela decisão já não se sustentava. Mas nada foi tão profundo e impactante do que quando passei a me questionar e reprogramar as minhas verdades, entender e estar no controle das minhas emoções.

Comecei a entender que eu era responsável pela minha vida e pelos meus resultados e assim, com muita humildade e perseverança, comecei a me questionar e ter consciência, principalmente em relação à minha situação financeira. Afinal, quase todo ser humano sonha em ter dinheiro para comprar e ter tudo aquilo que deseja, mas se esquece de que antes de ter algo, é preciso ser alguém de princípios e valores condizentes a ter e administrar uma riqueza. Permaneça e seja fiel à sua decisão, porque é você mesmo que limita a sua vida financeira e todas as outras áreas, por isso, cuide do que você tem pensado sobre você mesmo.

Aqui começa a sua virada de chave para uma nova mentalidade financeira. Saiba que no seu subconsciente tem informações importantes que determinam as suas ações e atitudes em relação ao dinheiro. Com qual frequência você tem pensamentos negativos sobre dinheiro ao longo do seu dia? O seu subconsciente funciona como as raízes de uma árvore, ele não fica visível aos seus olhos, mas tem um papel importante e decisivo. As raízes representam os seus pensamentos e sentimentos, aquilo que ninguém vê, nem mesmo você, mas que te move e te faz agir.

Você já deve ter tentado colocar em prática alguma dessas ações: começar a fazer seu dinheiro crescer, controlar gastos, multiplicar rendimentos, proteger sua riqueza contra a perda, garantir uma renda para o futuro ou aumentar a sua capacidade para ganhar. Racionalmente, você sabe o que fazer para ter uma riqueza, então, porque não consegue seguir esses princípios financeiros de forma consistente e sem desculpas no seu dia a dia?

Aos 23 anos eu me formei e comecei a trabalhar em busca da minha liberdade financeira. O que determina se você terá ou não sucesso financeiro é o que está aí na sua mente. Agora pense que sua mente é um computador super potente e como todo computador que compramos, ela possui diversos programas/drivers instalados para que você consiga utilizá-lo. O que você aprendeu ao longo dos anos sobre dinheiro continua instalado e sendo utilizado diariamente. Tudo o que você ouve repetidamente ou que emocionalmente te impactou tem o poder de gerar um novo programa. Como tudo o que está programado em sua mente determina o que acontece, a sua vida financeira é um reflexo disso! Treine a sua mente para alcançar tudo aquilo que você deseja.

A programação mental financeira que recebi foi gerada da seguinte forma: cresci sendo ensinada a ser uma mulher independente, que não precisava financeiramente de ninguém. Ouvi que ganhar dinheiro é difícil; que você tem que engolir sapo no trabalho; tem que ter segurança financeira; fazer uma boa faculdade para conseguir um ótimo trabalho ou ser concursada. Todas essas palavras foram ditas repetidamente ao longo de anos, por isso essas eram as verdades nas quais eu acreditei e elas determinaram as minhas ações até o momento em que reprogramei a minha mente.

Além da comunicação que recebi sobre dinheiro, eu tive muitas experiências financeiras vividas sob forte impacto emocional. E aqui deixo claro que não necessariamente foram experiências que aconteceram na minha vida, mas de familiares ou amigos próximos que me mostraram e me ensinaram que eu não deveria ser gananciosa por dinheiro, que deveria ter dinheiro suficiente apenas para viver bem, guardar dinheiro para dias difíceis e não desejar algo muito caro porque aquilo era coisa de rico e etc. Todas as experiências que estão atreladas a sentimentos negativos e de dor, te conectam todos os dias com o seu passado.

Quando tudo isso se interliga, forma-se um ciclo vicioso de alta restrição orçamentária familiar, sua mente está programada com crenças financeiras limitantes e experiências passadas (atreladas a dor e sentimentos negativos, como dito acima), e como consequência, você colhe o resultado disso financeiramente. A sua mente está treinada para te manter exatamente onde você está agora e não aonde você quer chegar.

A conversão está na busca pela sua essência (princípios e valores) e na mudança de uma mentalidade limitada para uma mentalidade próspera e abundante financeiramente. Como forma de contribuir ainda mais com o desenvolvimento da sua mentalidade financeira, deixo como indicação a leitura dos livros: Quem Pensa Enriquece, de Napoleon Hill e Os segredos da Mente Milionária de T. Harv Eker.

Agora responda às seguintes perguntas com verdade de detalhes, sendo sincero (a) com você mesmo (a), para despertar a sua consciência sobre o tema:

1. Quais têm sido os seus resultados financeiros?

____

____

____

____

____

2. Como você se sente em relação aos seus resultados financeiros?

____

____

____

____

____

Mariana Macedo Rocha

É casada com Heraldo, nascida em Barretos - SP e mora atualmente em São Paulo, capital. Filha de Dominique e Luiz, é a irmã mais velha de Laura. Mariana é uma pessoa de fé, esperançosa, persistente, determinada, paciente, alegre e planejadora. Busca continuamente por autoconhecimento para viver em equilíbrio com seus princípios e valores. Hoje atua como Master Treinadora Comportamental, especialista em finanças. Já foi atleta de handball, construiu uma carreira de sucesso no Agronegócio e atua há mais de 8 anos na área de finanças. É certificada CNPI para atuar no mercado de capitais como Analista de Investimentos.

@marianamacedo.oficial

(11) 96360-6580

marimacedorocha@gmail.com

"... nada vai adiantar você saber fazer muito dinheiro enquanto suas crenças de riqueza e prosperidade não forem reprogramadas."

Pauline Brito

Capítulo 2

Crenças financeiras

É importante destacar que o resultado financeiro que você tanto espera em sua vida está sendo direcionado pelas crenças financeiras que você tem sobre o dinheiro. Claro que o conhecimento técnico é importante para que você alcance novos resultados financeiros, mas nada vai adiantar você ganhar mais dinheiro se a sua mentalidade está condicionada a todas as informações que foram construídas durante sua infância.

Tudo aquilo que você viu, ouviu e sentiu desde pequeno, está determinando sua forma de lidar com dinheiro. Se você teve uma infância privativa, na sua fase adulta você vai querer viver tudo aquilo que você não teve. Será que está errado esse comportamento? Não venho aqui fazer julgamento, pois *o dinheiro é feito para realizar nossos sonhos, metas e objetivos,* porém o momento que vamos realizá-los vai fazer total diferença em nossa vida. Por isso te pergunto: quem tem conduzido suas decisões financeiras? Sua criança interior ferida ou sua sabedoria financeira?

Existe o momento ideal para transformar nossos sonhos em realidade, o problema é quando decidimos por algo sem analisar o preço que vamos pagar. Por isso, você precisa sempre analisar sua real motivação para ganhar dinheiro e ir para a raiz da questão, o porquê você não consegue avançar financeiramente.

Existe uma linha tênue entre se fazer dinheiro e ter dinheiro. Durante os atendimentos na mentoria financeira, lido com muitas mulheres com alta capacidade de fazer dinheiro, porém não possuem nenhum tipo de reserva financeira. O mesmo acontecia quando eu trabalhava na empresa Petrobras, eu vivia ao redor de pessoas que eram muito bem remuneradas, porém não tinham dinheiro. Após alguns treinamentos de autoconhecimento, percebi que essas pessoas tinham algo em comum, que eram as crenças financeiras limitantes que as impediam de prosperar. E o que são de fato crenças?

Segundo o Phd Paulo Vieira, "crença é toda programação mental (sinapses neurais) aprendida ao longo do tempo, repetidamente ou sob forte impacto emocional, através do que vemos, ouvimos, sentimos e o significado que damos a tudo isso que acontece durante a nossa infância e fase adulta."

Então, nada vai adiantar você saber fazer muito dinheiro enquanto suas crenças de riqueza e prosperidade não forem reprogramadas. Tudo que você aprendeu sobre dinheiro com seus pais vai refletir no seu consciente ou subconsciente e determinar o seu padrão de vida atual. Por isso é necessário que você passe por uma reprogramação financeira mental.

É muito importante ressaltar que seu problema financeiro não decorre da falta de dinheiro, ou porque você não sabe investir. Não decorre apenas da falta de conhecimento, mas principalmente da relação que você possui com seus pais e seu estilo de vida interno. A maior parte do problema financeiro vem das crenças financeiras limitantes. Esse é o grande desafio: mudar essas crenças. Por isso é necessário identificar tudo que te limita ou trava, tudo que hoje você não consegue, tudo que rouba você de ter uma vida de abundância.

O primeiro passo é o entendimento, ou seja, a conscientização que existe um padrão de comportamentos que você repete. Por isso, sempre costumo dizer que a riqueza ou a pobreza não está em sua conta bancária e sim em seu comportamento. Então te pergunto: Qual tem sido o padrão de comportamento predominante em sua vida? Comportamentos de pessoas com mentalidade rica, classe média ou pobre que estão te conduzindo?

Então você deve estar se perguntando: "Como faço para reprogramar minhas crenças financeiras?" É simples, basta mudar a sua maneira de comunicação verbal e não verbal, começar a pensar de maneira diferente e depois começar a ter o sentimento de riqueza. Isso significa que você não está condenado (a) a morrer pobre, basta que você mude a sua programação financeira. Se você quer ser uma pessoa rica deve pensar e agir como pessoa rica. O segredo para ter sucesso é desenvolver uma mente próspera. É se comportar como tal e assim desbloquear a mente para prosperidade.

Tudo que não traz abundância está fora do padrão descrito na Bíblia, "... Eu vim para que tenham vida e a tenham em abundância." (João 10:10)

Não adianta você ganhar fortunas na loteria e não desenvolver a mentalidade da riqueza, pois tem grandes chances de perder tudo. Neste caso, o dinheiro mostra quem você acredita ser, muitas vezes para mostrar uma "aparência" para outras pessoas. Enquanto você não reformular sua crença de identidade, você pode ter muito conhecimento e uma determinada quantia por um período de tempo, mas se não reprogramar suas crenças financeiras estará destinado a perder tudo.

Como você foi tratado quando criança? Como uma pessoa valorosa, ou seus pais não te davam atenção? Seu pai batia em você e era injusto? Essas situações vão determinar sua crença de *merecimento*. E dependendo de como você foi tratado, hoje você pode ter dificuldade na área profissional, por exemplo, em falar o preço dos seus produtos ou serviços. Você não reconhece seu verdadeiro valor, pois na sua infância você não foi valorizado por seus pais. Mas, muitas vezes, eles fizeram isso de forma inconsciente. Até mesmo se havia muita comparação entre você e seu irmão/irmã isso interfere na sua forma de se sentir merecedor (a) de algo.

A forma como você vê seus pais diz muito sobre você. No caso de seus pais serem prósperos e você ter dificuldade financeira, um dos motivos é que você deve estar se colocando em uma postura infantil porque precisa do amor deles. Ou caso você tenha tido algum tipo de atrito com eles, é uma forma de agredi-los. Tudo que um pai quer na vida é ver os filhos prosperarem e darem certo na vida. Por isso é necessário reprogramar seu modelo mental. Porque em alguns casos, os pais eram bons em lidar com o dinheiro e hoje você passa por dificuldades financeiras por existir dentro de você uma tristeza, raiva, carência... Alguma coisa que está te fazendo ficar nessa situação de *depender* de seus pais ou ficar em uma situação de pobreza para *agredir* seus pais. Lembre-se do modelo mental construído durante sua infância.

O quanto essas crenças fazem mal em sua vida financeira? Para conseguir eliminar as crenças limitantes é necessário seguir 4 etapas:

1 - Clarificação - Fazer uma autoanálise- seus medos, suas atitudes e seus pensamentos: "O que eu faço na minha vida que me impede de alcançar a prosperidade financeira?". Comece a examinar sua vida no passado, visitar sua infância. Observe seus comportamentos que não te deixam crescer. Seus fracassos, as coisas que você faz e não termina.

2 - Compreensão - Escreva frases que conduzam sua vida atualmente. Examine quais pensamentos vem à sua mente quando você estiver com dinheiro. Por exemplo: Se eu tiver sucesso financeiro... "vou ter que pagar para todo mundo"; vou ser muito infeliz; minha família vai viver pedindo dinheiro emprestado; meus pais não vão gostar mais de mim".

3 - Desvinculação - Tudo que você viveu não pertence a você. A pobreza, as traições, as quedas, tudo isso é uma memória, isso não faz parte da sua anatomia. Seu passado não é sua extensão. Diga: "Eu não sou pobre, isso não faz parte do meu presente". Pense nas dificuldades que você teve para obter dinheiro, pense em tudo, respire fundo e jogue fora. Isso não faz parte de você.

4 - Profetização - Poder da palavra. Se liberte das experiências negativas do passado. Não reconte as histórias ruins. Recontar é reviver. Chega de contar suas dificuldades. Declare: Eu tenho uma mente próspera, uma mente milionária e sábia.

E para auxiliar melhor o caminho da construção de uma nova mentalidade financeira, elaborei tarefas para te ajudar a identificar as crenças limitantes que predominam em sua vida e o que fazer para mudá-las.

Acesse o conteúdo através do QR Code abaixo:

Pauline Brito

É contadora, empreendedora e cristã. É mestre em contabilidade formada pela Universidade Federal da Bahia, além de outras especializações na área de gestão. Ao longo de sua história, trabalhou por 8 anos como servidora federal na Petrobras e hoje carrega o amor por ajudar mulheres que queiram se organizar financeiramente de forma simples e eficaz.

Atua como mentora financeira, onde tem o papel de levar conscientização e sabedoria para suas mentoradas a fim de que elas possam sair das dívidas, ressignificar crenças limitantes sobre o dinheiro e orientá-las a fazer seu primeiro investimento com segurança, em aplicações que rendem mais do que a poupança.

Seu propósito é despertar a sabedoria que existe em cada mulher, para conquistar a liberdade financeira de forma inteligente, por meio de ferramentas adquiridas em sua própria experiência de vida e da capacidade genuína de ter empatia.

@pauline.brito

(71) 99262-9392

paulline.brito@gmail.com

"Identificar as experiências, as crenças geradas e como elas vinham direcionando minhas escolhas foi fundamental para que eu começasse a agir diferente e ter resultados cada vez melhores."

Greice Costa

Capítulo 3

A origem dos modelos mentais

Você já se perguntou sobre a origem das suas escolhas? De onde vêm as ideias e alertas de perigo que permeiam seus pensamentos? E essa "voz" que fala mentalmente e que lhe orienta sobre como deve proceder? Desenvolvemos verdadeiros diálogos internos, nos quais nos questionamos e obtemos uma resposta, mas raramente nos perguntamos de onde ela vem. Essa resposta que não identificamos a origem e normalmente tomamos como certeza, vem da mente inconsciente.

Existem diversas teorias para explicar a origem e a natureza da mente inconsciente, mas uma coisa é certa: a sua porta de entrada é a mente consciente. Tudo o que está lá armazenado, um dia passou pelo crivo da consciência, recebeu um significado e uma carga emocional que, quanto maior, mais ativa e importante se torna o registro daquela experiência.

Esses aprendizados isolados vão se agrupando e evoluem até se tornarem crenças, que são como regras ou certezas que temos sobre o funcionamento de nós mesmos, do mundo e dos outros, e que a mente utiliza para nortear decisões futuras.

Quando nos relacionamos com o dinheiro não é diferente. Na mente inconsciente existem memórias relacionadas ao dinheiro que tiveram um significado importante. Podem ser coisas que ouvimos, que observamos e/ou situações que vivemos, principalmente na infância, e que juntas formam o modelo mental que governa essa relação com o dinheiro.

Você pode até achar que toma decisões com base em fatos e de forma racional, mas a verdade é que sua própria interpretação, seu foco e análise primária, partem do seu modelo mental. Ele é tão enraizado na mente que posso dizer com segurança que sem um treinamento de atenção e automonitoramento, é quase impossível percebê-lo.

Neste capítulo lhe convido a dar-se conta dos seus modelos mentais para que possa compreender como eles vêm impactando e definindo seus resultados financeiros até hoje e, então, possa criar novas formas de pensar, sentir e lidar com o dinheiro para alcançar os resultados que busca.

A primeira forma de estabelecimento dos modelos mentais, diz respeito ao que ouvíamos sobre o dinheiro, riqueza e pessoas ricas. Vou citar algumas frases que provavelmente soarão familiares: *"dinheiro não traz felicidade"*; *"dinheiro é sujo"*; *"dinheiro é a raiz de todo o mal"*; *"dinheiro corre para quem tem"*; *"os ricos ficam cada vez mais ricos e os pobres cada vez mais pobres"*; *"dinheiro não nasce em árvore"*; *"pessoas ricas não entram no reino dos céus"*; *"pessoas ricas são esnobes"*; *"não tenho dinheiro"*; *"é preciso trabalhar duro para ganhar (pouco)"*; *"é melhor ser pobre e honesto do que rico e desonesto."* E por aí vai...

Observe como essas frases trazem um impacto negativo. Você iria querer ser rico se a riqueza efetivamente trouxesse toda essa bagagem? Se tivesse a certeza de que ao se tornar rico você perderia a felicidade, estaria o tempo todo sendo espreitado pelo mal, estaria causando sofrimento e pobreza para outras famílias, estaria abrindo mão de ir para o reino dos céus, perderia seus amigos por ser esnobe, se tornaria desonesto e teria que trabalhar duro a vida toda? Será que ainda assim iria querer ser rico?

Esses são exemplos de regras que ficam armazenadas na mente inconsciente e que direcionam suas escolhas hoje. Por mais que você não esteja conscientemente pensando nisso quando toma uma decisão, pode ter certeza que esse aprendizado estará ativo e querendo lhe proteger de passar por tudo isso e de se tornar essa pessoa. É a origem daquela "voz", daquele medo, das pequenas coisas aparentemente aleatórias que te fazem perder grandes oportunidades e muito dinheiro.

A segunda forma de estabelecimento e fortalecimento desses modelos diz respeito ao que *víamos* e aos exemplos que tivemos na infância. Como as pessoas importantes na sua vida efetivamente lidavam com o dinheiro. Como elas se relacionavam com a riqueza e com pessoas ricas. O dinheiro era um assunto agradável ou era fonte de brigas e discussões. Era suficiente apenas para as necessidades básicas, ou talvez vivessem numa montanha russa, às vezes muito dinheiro, às vezes períodos de fortes dificuldades. Quem era o provedor e qual a responsabilidade de cada um dentro de casa. Dentre outros exemplos...

Esse aprendizado através da observação pode nos levar tanto para a repetição de padrões como para a rejeição daqueles comportamentos. Na repetição, os caminhos são outros, as escolhas podem ser outras, mas os resultados serão similares. A rejeição normalmente nasce da raiva e do ressentimento, é aquela promessa interior que se faz na qual se compromete a *nunca mais passar tal situação*. Ela leva a resultados opostos, mas carrega em si o peso desses sentimentos, gerando sofrimento.

É importante que você consiga identificar com qual dos seus pais ou cuidadores você mais se identifica, no que se refere à sua relação com o dinheiro, e se o seu padrão é de repetição ou de rejeição. Esse reconhecimento vai lhe permitir agir diferente e iniciar uma nova história para você e sua família.

A terceira e última forma de estabelecimento dos modelos mentais de dinheiro diz respeito às experiências que você passou e que envolveram dinheiro. As mais importantes no contexto que estamos abordando são aquelas situações que lhe geraram medo, sofrimento, vergonha ou outras emoções negativas, porque quando isso acontece sua mente cria uma regra para lhe proteger de passar por isso novamente. Identificar essas situações vai ajudar a perceber as regras e como elas vêm impactando sua vida financeira até hoje.

No livro *Mulheres em Performance*[1] eu conto experiências que vivi nas quais fiquei sem dinheiro, longe dos meus pais e (me sentindo) responsável por minha irmã mais nova. Lá eu mostro como passar por isso gerou em mim uma regra de que eu precisava guardar dinheiro em diversos locais para garantir que não ficaria sem em caso de necessidade. O resultado disso na vida adulta foi que quanto mais dinheiro eu fazia, mais eu guardava e permanecia vivendo numa escassez auto-imposta, numa vida de limitações e não de possibilidades.

Identificar as experiências, as crenças geradas e como elas vinham direcionando minhas escolhas foi fundamental para que eu começasse a agir diferente e ter resultados melhores.

Com isso eu quero mostrar que o seu atual modelo mental de dinheiro foi construído desde sua infância, quando você ainda era dependente e incapaz de resolver certos problemas, mas que o autoconhecimento e a reprogramação dessas crenças poderão abrir novos horizontes na sua vida a partir de agora. Você irá perceber que muitas dessas regras não se aplicam mais à sua vida presente.

Com o autoconhecimento e o fortalecimento de novas crenças adaptativas, você terá a oportunidade de enxergar a situação com os olhos do adulto capaz e merecedor que é, e decidir com base nos seus conhecimentos, habilidades e atual realidade, o melhor caminho para se seguir.

1. Medeiros, Raquel (org). Mulheres em Performance, São Paulo/SP, Editora Chave Mestra, 2021.

É importante destacar que essa mudança não acontece da noite para o dia e que ter consciência das crenças limitantes não as fará desaparecer. Estabelecer novas crenças fortalecedoras foi uma jornada que não trilhei sozinha. Até hoje, em algumas situações, eu ouço a voz e sinto o medo me dizendo que é arriscado e que preciso de garantias antes de tomar uma decisão importante, mas o fato de conhecer a origem desses medos e de ter novas crenças às quais me apego, me dão a liberdade de escolher. E eu escolho crescer e viver uma vida extraordinária! E você? Que escolha fará?

"Conhecereis a verdade e a verdade vos libertará! (João, 8:32)"

1. Faça uma lista com pelo menos 20 frases que já ouviu sobre dinheiro, riqueza e pessoas ricas. Em seguida, identifique aquelas com sentido negativo e reescreva-as de forma positiva.

EXEMPLOS:

O dinheiro é a raiz de todo o mal. (Negativa)

O dinheiro é ferramenta para se fazer o bem tanto quanto o mal. Hoje eu ajudo muitas pessoas e com mais dinheiro poderei ajudar ainda mais. (Positiva)

____

____

____

2. Identifique uma ou mais vivências negativas da sua infância que envolveram dinheiro. De que forma sua mente vem lhe protegendo de passar por isso novamente? Qual a regra que se estabeleceu e que vem te limitando?

____

____

____

3. Quais os recursos internos (conhecimento, habilidades e competências) que você possui hoje e que garantem que você seria capaz de lidar com uma situação semelhante à descrita acima, caso ela viesse a ocorrer na sua vida adulta? Escreva a nova regra que lhe fortalece.

____

____

____

Greice Costa

Soteropolitana, filha, irmã, mãe, dinda, amiga e apaixonada pela mente e pelas relações humanas. Psicóloga formada pela UFBA, com especialização em Terapia Cognitiva, *Master Coach* Integral Sistêmico pela Febracis e Analista de Perfil Comportamental. Atua através da psicoterapia clínica auxiliando pessoas com problemas de humor, depressão, relacionamentos e ansiedade; e como treinadora, através de palestras, workshops e processos de *coaching* individual e em grupo, auxiliando pessoas que buscam desenvolvimento pessoal, profissional e alta performance para si e para suas empresas. Idealizadora do programa *Revolucione*, com foco na realização pessoal e profissional; e do programa *BrilhanteMente* com foco no desenvolvimento da mentalidade para o sucesso financeiro. Tem por missão de vida guiar pessoas em suas jornadas de autoconhecimento e transformação pessoal.

https://greicecosta.com

Greice Costa

(71) 99697-3419

@greicecostas

greicecosta.escritora@gmail.com

"...qualquer um de nós temos a capacidade de construir coisas boas em nossa vida, desde que nos libertemos das prisões que nossa infância semeou no adulto que somos hoje!"

Nathália Lopes

Capítulo 4

Inteligência emocional e financeira: como não ser refém do dinheiro

Quando eu era criança passei por diversas situações causadas pela falta de dinheiro. Já presenciei a energia sendo cortada, condomínio atrasado, dificuldade para fazer compras, entre outras. Mas, dentre todas as situações, a que mais me trouxe angústia foi uma que ocorreu na minha escola, quando eu era adolescente. A mensalidade estava atrasada há alguns meses e durante uma aula de Química um funcionário do departamento financeiro entrou na sala e disse que se meus pais não resolvessem aquela questão até o dia seguinte, eu estaria proibida de entrar na escola. Essa situação semeou em mim os sentimentos de vergonha, humilhação, raiva e inferioridade.

Quais sentimentos o dinheiro gera em você? Quais situações, ao visitar sua memória, geraram esses sentimentos? Escreva apenas circunstâncias vivenciadas por sentimentos que causaram algo negativo em você.

Próximo ponto: se pudesse substituí-los, por quais seriam? Como você se comportaria com esses novos sentimentos fluindo em você? A esses questionamentos gosto de chamar reflexões, para fortalecer as emoções positivas que estavam adormecidas e assim gerar novas atitudes frente às situações do dia a dia.

O nosso cérebro tem uma memória emocional que foi iniciada na nossa infância, porém, **qualquer um de nós tem a capacidade de construir coisas boas em nossa vida, desde que a gente se liberte das prisões que a nossa infância semeou no adulto que somos hoje!** E como construir essas coisas boas? Visualize o seu cérebro como se fosse um músculo e por muitos anos foi comandando o seu agir, sem a sua real consciência do porquê de determinadas atitudes. Ele lhe colocou em posição de protagonismo ou de vítima. Assim como você inicia na academia, pegando pesos menores, é o que faremos com o seu cérebro para restaurar emoções positivas. Pequenas doses de reflexões, para gerar pequenas atitudes que reverberam em controle emocional, não sendo mais refém das circunstâncias, pessoas e/ou ambientes.

Os sentimentos estão contidos na emoção. Quando você age por impulso e causa aquele pensamento "não deveria ter feito isso!", é a sua emoção comandando. E a consequência dessa ação semeia novos sentimentos, nesse caso geraram ansiedade, arrependimento, raiva, dentre outros.

Como eu vivenciei cenas constrangedoras, a minha memória condicionou o dinheiro a coisas ruins, somando ao fato de que meus pais não ensinaram sobre educação financeira ou qualquer outra orientação com relação ao dinheiro.Você consegue imaginar as emoções que o meu EU adulto carregou? Cheia de bloqueios e fugindo de situações que eu ficasse exposta. Essa fuga trouxe consequências para a minha vida pessoal e profissional, afinal, eu acreditava que para eu ser aceita, em qualquer ambiente, eu precisaria ter dinheiro, logo, eu tinha dificuldade em me comunicar e expor a minha opinião. Sentia vergonha e complexo de inferioridade diante das outras pessoas e como eu não queria sentir constrangimento, foquei no trabalho e me tornei uma *workaholic.*

Reflita por um momento sobre situações nas quais você já vivenciou e se sentiu exposta pela ausência de dinheiro e quais foram as consequências que isso trouxe para a sua vida. Quais comportamentos você tem até hoje devido a essas situações? Como será o seu futuro se você continuar cultivando em você esses comportamentos? Essas situações podem ter lhe tornado refém do dinheiro, mas foi pela falta de clareza e conhecimento que você não percebeu. Até hoje!

A forma como você lida com o dinheiro, diz muito sobre a infância que você teve! Tenho certeza de que você ouviu aquelas frases: Dinheiro não nasce em árvore; Isso é coisa de rico; Dinheiro não traz felicidade; Vá trabalhar para pagar as suas contas, etc.

Em um caderno, escreva quais "historinhas" você ouviu sobre dinheiro. Após escrever, feche os seus olhos, por alguns segundos, e vá relembrando cada história; quem falava e quais expressões eram ditas; sinta as emoções que foram sendo gravadas na sua memória e no seu coração. Ao concluir, inspire, expire, repita para você: Eu sinto muito, me perdoe e sou grato (a)! Reescreva as frases de forma positiva e depois leia em voz alta, com a postura de uma pessoa confiante, sorriso no rosto e um olhar firme. Fechado?

Essas sementes que estou plantando agora em você através desse exercício, é para lhe mostrar que sempre existirão recursos para sairmos de situações paralisantes. Até um tempo atrás, eu não tinha conhecimento de recursos que pudessem reprogramar a minha mente, me tirar do cativeiro, então foquei no trabalho. Afinal de contas, eu precisava ter dinheiro para honrar as minhas contas, assim como ajudar os meus pais em casa. Ou seja, deixei o dinheiro me controlar. Eu vivia como aquele rato da história "Corrida dos ratos", condicionada ao sistema imposto pela sociedade: acordar, levantar, tomar café, ir ao trabalho, trabalhar e voltar para casa. A minha crença ganhava força e falava para mim: "Nathi ou você trabalha ou você vai passar humilhação por não ter dinheiro". Eu entrei na armadilha financeira. Veja se você se identifica com essas armadilhas:

- O motivo que você busca ganhar dinheiro é autoafirmação, medo e/ou raiva;
- Precisa de dinheiro para os dias difíceis;
- Associa o dinheiro às conquistas, ao "ter".

Quais histórias a sua mente vem falando para você e você toma como verdade? Observe os resultados (ou não) que você está tendo em sua vida. Analise o seu nível de felicidade, de energia. As respostas dessas perguntas podem ser a solução para desbloquear o que você vivenciou na sua infância e adolescência.

Se acesse, sem julgamentos, sem críticas. Se olhe como um (a) melhor amigo (a) que quer te ajudar a ter paz e tranquilidade para alcançar prosperidade financeira. Pegue um papel, lápis e escreva uma carta para si, do seu Eu de hoje para o seu EU do futuro. Nessa carta conte como será a sua vida, o seu trabalho, a sua família, os seus ganhos. Essa carta começará a trazer consciência para as suas ações e você começará a querer viver aquilo que escreveu. A cada ação você questionará: isso me aproxima ou me afasta do que eu desejo viver?

Lembre-se: quando a motivação financeira estiver enraizada no medo, a infelicidade será certa e as consequências serão terríveis.

O que estou lhe propondo é você tirar os seus medos a respeito das finanças, para começar a gastar com sabedoria e planejamento, eliminando compras por impulso, afinal de contas, compras por impulso estão ancoradas a alguma ferida do seu passado que não foi curada. Assim como se libertar do conceito que "para ter sucesso é preciso ter dinheiro" ou "preciso escolher essa profissão porque ganha mais". Entre no ciclo de mentalidade abundante e olhe para o seu dinheiro como investimento.

Eu entrei nesse ciclo graças ao meu marido, que teve educação financeira e me orientou. Também fizemos juntos o curso do Gustavo Cerbasi: Inteligência Financeira. Somado a isso, fiz formação em inteligência emocional, coaching, entre outros. Eu me permiti sair da corrida dos ratos e não viver apenas para pagar contas.

Entendi que para conquistar grandes sonhos, preciso acreditar que *"eu posso, eu mereço, eu consigo"*. Mas, acima de tudo, entender que isso não é sinônimo de privações, e sim, de que eu posso usufruir desse comprometimento me permitindo desfrutar de pequenos sonhos, sejam semanais, quinzenais ou mensais. Tudo dependerá da minha organização financeira somado aos meus objetivos de vida.

Você também pode ter essa vida! Acredite! Se você está lendo esse livro é porque você está disposto (a) a mudar o rumo da sua vida. Responda a todos os exercícios propostos neste capítulo. Permita-se eliminar os entraves que estão lhe impedindo de conquistar os seus sonhos, refine a sua capacidade de escolha e consuma de forma consciente. O dinheiro é o seu melhor amigo, agradeça por tudo que ele lhe proporcionou até hoje. Elimine a escassez e entre no ciclo da gratidão financeira!

Nathália Lopes

É empresária da 3S Sabedoria, empresa criada junto com o seu marido e sócio Rangel Dleon. Formada em Inteligência Financeira, ministrado por Gustavo Cerbasi. Possui formação em coaching, e em gestão de perfil comportamental pela instituição Febracis, além de demais cursos na área de desenvolvimento pessoal.

Uma pessoa apaixonada pela família, por aprender, por semear sabedoria para destravar pessoas a empreenderem sem medo e conquistarem prosperidade nos seus negócios. É a mãe humana do pequeno pet Luke.

Ama o trecho da música "...prefiro ser essa metamorfose ambulante, do que ter aquela velha opinião formada sobre tudo", do Cantor Raul Seixas. Para a Nathi é preciso ter coragem, autoconfiança, atitude e salto de fé para romper padrões que não cabem mais e buscar o que verdadeiramente move a sua vida.

(71) 99977-9399

@nathilopesmentora/

Nathália Avelino S A Lopes

contato@3ssabedoria.com

''Se você ainda não está rico, é porque seu trabalho não é bom o suficiente, ou porque você está trabalhando pouco e sem sabedoria."

Blaumer Rego

Capítulo 5

Estado atual: o diagnóstico da sua saúde financeira

A minha motivação sempre foi ter uma vida digna, dar uma vida melhor para minha família, investir, viver de forma abundante, contribuir na vida de outras pessoas, gerando emprego e tornando minha cidade um lugar melhor. Eu consegui, após anos de muito trabalho, dedicação, estudos, cursos e fé.

Eu tinha "tudo" mas sentia que faltava algo. Não importava quanto ganhasse, sempre gastava mais. Então, através de estudos eu percebi que eu gastava muito na intenção de suprir as necessidades que passei na infância. Quando comecei a reconstruir minha saúde emocional, passei a entender que a felicidade está nas coisas que o dinheiro não compra, como a conexão com Deus, o afeto dos meus pais, irmãos, o amor sincero da minha esposa e filha, saúde, paz espiritual e equilíbrio das minhas emoções. A partir disso, minha vida financeira começou a mudar. Somente por aprender a lidar com minhas emoções e me conectar comigo. Comprei um carro novo, construí uma casa e abri outra empresa.

O estado atual é o principal ponto para iniciar uma jornada para a abundância financeira. É o momento de consciência, verdade e reflexão.

Vou fazer algumas perguntas para você refletir. Você tem que anotar tudo, para no final do capítulo fazer um relatório do seu estado atual financeiro. Você tem que se sentir rico e acreditar que já é rico em sua essência, na sua identidade, pois caso contrário dificilmente conseguirá ser rico financeiramente.

Como está sua vida financeira hoje? Em que classe você se enquadra: baixa, média ou alta? Como você está hoje em nível de inteligência e crenças financeiras? Quanto você gasta para se manter? No final do mês sobra quanto?

Não importa o que você ganha, o que importa é quanto você gasta. Eu tenho duas empresas e conquistei isso com minha remuneração de um salário mínimo. E o que mais vejo são pessoas que ganham pouco com mais patrimônios do que quem ganha quantias altas.

- **Hábitos de pessoas pobres:** Gostam de comprar parcelado; compram e não pedem desconto; trabalham duro para comer.
- **Hábitos de pessoas classe média:** Compram coisas caras; gostam de viver em prazeres imediatos; trabalham para pagar contas; geralmente não perdem festa; não falta bebida; compram roupas caras quase todo mês e gastam mais que os ricos nesse aspecto; só fazem o que gostam e que dá prazer.
- **Hábitos de pessoas ricas:** Adiam o prazer imediato para usufruir depois; compram pelo menos 30% mais barato os mesmos produtos que os pobres, simplesmente por pedir desconto; trabalham para investir e ficarem ricos; vivem de rendimentos e continuam trabalhando duro para ficarem mais ricos; fazem o que precisa ser feito para conquistar independência financeira.

Relacione os comportamentos acima que você mais se identifica.

Você tem inteligência financeira? Ou seja, sabe fazer dinheiro, multiplicar, abundar, doar e continuar tendo?

- De 0 a 10, quanto você se sente rico na sua essência?
- De 0 a 10, quanto se sente abundante como se já alcançasse o que quer?
- De 0 a 10, quanto você tem de valor e poder pessoal? Ou seja, quais habilidades podem te auxiliar a fazer dinheiro?
- De 0 a 10, quanto você é bom em sua área de atuação?
- De 0 a 10, qual a sua capacidade de converter suas habilidades em dinheiro?
- De 0 a 10, quanto você se acha merecedor de ser extremamente rico?
- De 0 a 10, quanto você consegue se ver rico e abundante num futuro próximo?

Se você responder que não precisa ou não quer tudo isso, que se contenta com o pouco, sinto muito em te dizer, mas você precisa reprogramar sua mentalidade financeira para se sentir rico, se sentir merecedor do melhor que o dinheiro pode te oferecer, antes mesmo de ter alcançado. E se sua vida financeira está excelente, eu te digo que ela pode ficar ainda melhor. Você sempre pode ir para o próximo nível, fazer mais dinheiro para gerar empregos e ajudar mais pessoas.

CONTAS E DÍVIDAS

Como parte do estado atual não poderia deixar de falar sobre contas e dívidas neste capítulo.

Conta é um compromisso financeiro que você terá que pagar no futuro. Dívida é uma conta que não foi paga em tempo hábil, que envolve juros e encargos jurídicos.

Você tem anotado em um caderno todas as contas? Você tem relação de todas as suas dívidas? A minha sugestão é que tenha todas anotadas em um caderno somente para esta finalidade. Se você não tem o hábito de pagar suas contas em dia, sugiro que comece a fazer isso o mais depressa possível. Se você não tem dívidas, parabéns!

Tenha sempre o hábito de comprar à vista e com desconto. Assim só comprará o necessário. Estou falando de compras pessoais e não de investimentos da empresa, que podem ser feitos muitas vezes com empréstimos e boas taxas de juros através de bancos. Qual é a porcentagem de suas compras que são pagas a vista e a prazo?

Relacione suas dívidas e contas assim:

- Dívidas e contas pessoais;
- Dívidas e contas pessoais indispensáveis;
- Dívidas e contas empresariais;
- Dívidas e contas empresariais indispensáveis.

Primeiro tenha consciência disso, separe tudo. Já cometi o erro de não separar CPF de CNPJ e virou uma bagunça. A conta pessoal e a empresarial devem ser separadas, e também veja se é possível reduzir ou cortar algumas contas. Esteja sempre atento a isso. As finanças têm que ser tratadas diariamente.

"Gastos são como unhas, temos de cortar sempre, pois se não cortarmos, não para de crescer". - Marcel Telles

Faça uma relação de onde você pode cortar gastos e elimine-os. Estou falando isso baseado em minha experiência. Sempre fui exagerado, comprava tudo em grande quantidade: roupas, tênis, perfumes. Tinha contas em vários bancos, até que tomei várias decisões de eliminação e redução de gastos para priorizar a quantia que precisava para poupar e investir.

DESCUBRA SUAS DEBILIDADES

O próximo passo é descobrir com muita sinceridade, as debilidades que você possa ter. Marque a seguir:

( ) Debilidade emocional financeira – Incapacidade de controlar seus impulsos emocionais na hora da compra;

( ) Debilidade intelectual financeira – Pouca inteligência financeira.

RAIO-X FINANCEIRO

1 - Relacione todos os seus bens e some.

2 - Relacione e some todas as suas dívidas e subtraia por todos os seus bens. O resultado é o que é realmente seu, o restante é dos credores.

3 - Quanto você tem de renda de investimentos extras?

4 - Quais são os bens que te dão retorno financeiro? Ex: casa ou estabelecimento alugado.

5 - Quais são os seus bens que te dão despesas? Ex: carro, casa e moto.

6 - Quanto você tem de dinheiro no banco?

7 - Como você se definiria financeiramente? Cauteloso, moderado, desorganizado.

"Se você está na dúvida se precisa ou não de um produto ou serviço, adie a compra para dar tempo de pensar com consciência." - Blaumer Rego

3 Coisas que as pessoas ricas de verdade fazem:

Detesta gastos desnecessários. Foca no resultado e no futuro financeiro. Ama a jornada.

"O verdadeiro prazer está em construir, não em ter." - George Joseph

Lembro-me como se fosse hoje o quanto eu não dava valor ao meu dinheiro, trabalhava duro durante dias ou meses na minha empresa, para gastar de forma desnecessária em festas com bebidas caras. Já cheguei a gastar ganhos de um mês, em um dia. Eu tinha prazer em trabalhar duro, eu só não dava valor ao que ganhava. Fazia quantias consideráveis de dinheiro, mas sempre dava um jeito de gastar tudo.

Sinceramente, trabalhei muito duro para conquistar o que tenho. Sempre trabalhei entre 10 e 12 horas diárias. Não sugiro ninguém a fazer isso, trabalhei assim por curtos períodos e com sabedoria. Não tem como construir riqueza trabalhando 4 horas por dia como falam por aí. Uma pesquisa feita pela revista Forbes mostra que os bilionários nos EUA trabalham mais de 8 horas diárias.

Agora faça um relatório de como está sua vida financeira e reflita sobre a importância de entender o estado atual das suas finanças para agir com sabedoria daqui pra frente.

Blaumer Rego

Filho de Welson e Daisa, esposo de Samila e pai de Melinda. Dedico este capítulo a todos os meus parentes, irmãos, primos, tias e tios.

Empreendo desde os 18 anos, onde iniciei minha copiadora com uma impressora HP (em 2005). Também fui servidor público municipal por 12 anos. Hoje sou empresário e coach pessoal, de negócios e finanças. Atuo no ramo de papelaria, serviços gráficos e comunicação visual, com as mais modernas máquinas da atualidade. Ajudo pessoas a despertar a sua melhor versão pessoal e profissional, usando estratégias para aumentar o faturamento, fazendo com que elas se destaquem em suas áreas, desfrutando de abundância financeira e usufruindo da vida com seus familiares.

@blaumerregocoach

(74) 99944-8755

blaumer4@gmail.com

"Fale, pense e faça o que quiser, mas
não culpe ninguém pelos seus
resultados financeiros."

Hebert Bispo

Capítulo 6

A autorresponsabilidade nas finanças

"Dinheiro não cria sucesso, só te dá liberdade para criar o sucesso".
Nelson Mandela

Grande parte da população responsabiliza os seus resultados financeiros negativos à economia do país, à um líder político, à falta de oportunidades entre outras razões. Embora eu possa concordar que, indiretamente, todos estes fatores influenciam na sua vida financeira, existe um princípio chamado "autorresponsabilidade", que é a mola propulsora para qualquer mudança na vida do ser humano.

Durante um período da minha vida, tive muitos momentos e situações de altos e baixos, por isso fui buscar os motivos de tanta instabilidade financeira. Descobri que não existe sucesso financeiro sem a aplicação do conceito da autorresponsabilidade, que é justamente a chave para qualquer mudança comportamental. Quando eu agia, pensava ou me comportava baseado nesse conceito , chegava a grandes resultados e de forma inversa os resultados eram baixos, frustrantes e infelizes.

Mas afinal, o que é autorresponsabilidade? De acordo com o autor de vários best sellers Paulo Vieira "É a crença, certeza, filosofia de vida, conduta moral de reconhecer que está tudo certo e que cada um tem a vida que merece, ciente de que não há coincidência, mas um processo sistemático de plantação e colheita". Ou seja, toda ação ou omissão lhe trará resultados positivos ou negativos. Assim será na sua jornada de vida financeira, não adianta culpar alguém ou algum acontecimento para fundamentar os seus insucessos. Exceto nos acontecimentos de fenômenos naturais ou tragédias que não estão sob o controle humano.

Sabendo da existência dos princípios financeiros, vou te ensinar os 5 princípios básicos para autorresponsabilidade financeira, pois o problema ou a solução estará sempre em nós mesmos.

O PRIMEIRO PRINCÍPIO É A CONSCIÊNCIA DE SER PRODUTIVO

O crescimento e o desenvolvimento humano apenas são possíveis se houver consciência, ela é um atributo divino e necessário. É a consciência que nos faz olhar o futuro como um universo de novas possibilidades. É ela que nos permite a conexão com o mundo e consigo mesmo. Em resumo: a consciência é responsável pelo nosso progresso.

Quando falamos em produtividade, logo lembramos que é necessário trabalhar e desenvolver uma atividade com remuneração, pois uma pessoa responsável financeiramente é uma pessoa útil, que gera valores através de suas habilidades e competências, que empreende e investe o seu tempo produzindo valor monetário através dos seus serviços.

O início de toda jornada para o sucesso na vida financeira é ser consciente do seu estado atual e o quanto precisa de mudanças. É assumir compromissos, ter disciplina, ocupar uma posição em que os outros possam contar com você, com o seu serviço e com a sua entrega.

O SEGUNDO PRINCÍPIO É TER UMA VISÃO POSITIVA DE FUTURO

Para falar sobre este princípio, trago a referência das escrituras milenares, a Bíblia Sagrada, que diz: "Então o Senhor me respondeu, e disse: Escreve a visão e torna-a bem legível sobre tábuas, para que a possa ler quem passar correndo. Porque a visão é ainda para o tempo determinado, mas se apressa para o fim, e não enganará; se tardar, espera-o, porque certamente virá, não tardará." (Habacuque 2:2-3)

A visão positiva é a capacidade de olhar para frente e definir um propósito para guiar os pensamentos e ações do presente. Diante deste conceito, é crucial estabelecer este princípio, no início pode parecer uma ideia abstrata, mas o cérebro humano tem o poder de propiciar um caminho neural para que os objetivos sejam alcançados.

Pessoas positivas são mais criativas, determinadas e produtivas, uma vez que se engajam com mais facilidade na busca por soluções. A partir disso são criados os objetivos e estes geram ações, o que é um diferencial para alcançar a alta performance e grandes resultados financeiros. Pessoas que não agem dessa forma, acabam desfavorecendo o seu cérebro.

O TERCEIRO PRINCÍPIO É TER INTELIGÊNCIA PARA GERIR E CONTROLAR AS FINANÇAS

Inteligência financeira é um conceito que vai muito além de ter dinheiro na conta bancária. É a habilidade de gerir e lidar com as finanças de forma equilibrada e sensata, de maneira a manter o controle financeiro não só no tempo presente mas também prosperar para o futuro. Pessoas que não tem inteligência financeira podem até ganhar um bom salário, ter boas receitas, mas não sabem fazer a gestão disso e caem nos juros do cheque especial ou no descontrole orçamentário. A boa notícia é que mesmo quem não tem essa habilidade pode, com dedicação e esforço, desenvolvê-la.

O primeiro passo é saber exatamente o quanto você ganha e como utiliza seu dinheiro. Nesse sentido, descubra se as entradas e as saídas estão equilibradas e, ainda, quais são seus principais gastos. O princípio básico e crucial para a autoresponsabilidade nessa área é: ter o controle, planilhar as receitas e despesas do mês, do semestre e do ano, separando por despesas fixas e variáveis. É fazer uma análise sincera do seu orçamento e avaliar se as despesas estão alinhadas com suas prioridades.

Quem é inteligente financeiramente sabe que, em algumas situações, é preciso abrir mão de gastos e prazeres imediatos que não acrescentam muito à sua vida.

O QUARTO PRINCÍPIO BÁSICO É DEFINIR SUA META FINANCEIRA E SE PLANEJAR PARA REALIZÁ-LA

Quando você tem bem claro qual é o seu sonho, fica mais fácil desenhar uma meta financeira. Essas metas representam o quanto você precisa faturar mensalmente. Estabeleça três cenários: ruim, provável e ótimo. Se você precisa de 15 mil reais por mês para alcançar o seu projeto, faturar 14 mil reais é ruim, 17 mil é provável e 30 mil é ótimo!

Outra dica é organizar as suas metas em curto, médio e longo prazo, avaliando o quanto precisa poupar e em quanto tempo pretende atingi-las. A partir deste ponto, você pode traçar um plano de ação para conquistar aquilo que deseja. Isso quer dizer que, se você tem um mapa mental do quanto você precisa para viver um estilo de vida abundante, seu corpo e mente irão trabalhar continuamente por isso.

Quando você sai em busca de uma meta, consequentemente você sai da zona de conforto e ativa o seu potencial.

"Zona de conforto é a combinação de várias mentiras paralisantes com data e prazo de validade vencidos."

Paulo Vieira

O QUINTO PRINCÍPIO É TER INTELIGÊNCIA EMOCIONAL NA GESTÃO FINANCEIRA

Posso afirmar que este princípio é o mais importante na minha vida financeira, acredito que seja na vida de todos. A inteligência emocional na gestão das finanças é a maior chave que todo ser humano precisa virar para alavancar seus resultados e criar a sua independência.

Todos nós temos um padrão mental sobre dinheiro e consequentemente sentimentos que nos impulsionam a tomar decisões e este padrão está relacionado às nossas crenças financeiras. A inteligência emocional é a habilidade e a sabedoria de reconhecer, avaliar e decidir sobre nossos próprios sentimentos em relação ao dinheiro. Posso chamar de autoconsciência financeira.

Quando eu não tinha o conhecimento deste princípio, vivia de forma descontrolada financeiramente, eram muitos impulsos e estímulos emocionais que me faziam gastar com coisas desnecessárias. Devido a isto, estava sempre me sabotando, acumulando mais dívidas e procrastinando o meu verdadeiro objetivo.

Uma pessoa é emocionalmente inteligente quando ela consegue gerenciar seus sentimentos e controlar as emoções para atingir seus objetivos. Pessoas curadas emocionalmente não gastam o dinheiro que não tem para impressionar outras pessoas. É fundamental entender que "o dinheiro não compra nenhuma necessidade da alma". (Henry Thoreau)

EXERCÍCIO: Com base nos aprendizados sobre os 05 princípios da autorresponsabilidade, quais são as cinco decisões/ações que você vai fazer para se tornar uma pessoa autorresponsável financeiramente e consequentemente melhorar os seus resultados financeiros?

Decisões/ações:

1. ______________________________
2. ______________________________
3. ______________________________
4. ______________________________
5. ______________________________

Hebert Bispo

Filho amado do Deus altíssimo, nascido em 02 de maio de 1985, em Salvador, Bahia. Esposo de Geisa, pai de Sabrina (21 anos), Lucca Hebert (7 anos) e Luigi (8 meses de gestação até então). Empresário e empreendedor há mais de 13 anos, consultor de seguros e previdência, *life planner* financeiro, master coach Integral Sistêmico, analista de perfil comportamental, mentor e palestrante.

@hebertbispooficial

hebertconsultor@hotmail.com

(71) 99410-0171

"Motivações erradas são como combustível adulterado: assim como em um carro, você pode até andar no começo. Mas uma hora vai falhar. Vai perder a força. E, lá na frente, a conta vai chegar".

Emésio Neto

Capítulo 7

O que motiva você a ganhar dinheiro?

Há algum tempo eu estava desempregado, procurando uma ocupação e estudando para concursos. Eu tinha um negócio online de marketing digital, onde eu trabalhava muito e ganhava pouco. Vivia estudando e trabalhando em casa. Eu estudava especialmente para concursos em busca da tão sonhada estabilidade financeira. Tinha muitos sonhos com coisas materiais, porém sentia que eram distantes e inatingíveis, já que eu dependia quase que 50% dos meus pais financeiramente.

Fiz vários cursos de finanças, desenvolvimento humano e inteligência emocional por causa disso. E foi fazendo um treinamento online que descobri que o meu problema principal não era a dependência financeira, mas sim as minhas crenças a respeito do que me motivava a ganhar dinheiro. Porém, o que eu precisava naquele momento era dinheiro e não fazer terapia. Coaching, então? Nem pensar! Que besteira! "Conversar sobre crenças não é a minha prioridade", eu dizia a mim mesmo. E deixei esse assunto para lá.

Durante 5 anos a minha situação piorou ainda mais. Cheguei aos 35 anos de idade, minha mãe se aposentou e eu continuei dependendo financeiramente dos meus pais. Era o fim do mundo. Diante desse risco de não poder mais contar com eles, eu comecei a pesquisar na internet sobre propósito e missão de vida, pois eu me sentia completamente perdido. E vendo vídeos no youtube acabei encontrando de novo o assunto sobre crenças. Então decidi dar ouvidos.

Adentrar nesse novo universo foi chocante. Eu fui percebendo o quanto as coisas que eu falava, pensava e sentia a respeito de finanças estavam erradíssimas. E é esse conhecimento que quero passar para você. Durante esses treinamentos eu comecei a entender que o problema não era sobre como ganhar dinheiro. Era porque a minha motivação para tal estava totalmente errada.

Quando sua motivação para ganhar dinheiro vem da dor ou do medo, você não está usando a motivação certa. Mas o que seria uma motivação errada? Exemplos: "quero ganhar dinheiro por que não quero ser triste"; "não quero passar necessidade"; "não quero depender de ninguém"; "não quero ter que pedir dinheiro emprestado"; "não quero passar vergonha"; "não quero ser julgado pelos outros" ou "não quero passar fome", dentre outras.

Se você se identificou com alguma dessas motivações, ACENDA AGORA O SINAL VERMELHO. Você está seguindo o mesmo caminho que eu seguia, um caminho totalmente errado. Se você busca dinheiro porque não quer ser pobre, você está vibrando escassez. Agora, se você buscar dinheiro porque quer conquistar algo positivo e gratificante, você estará vibrando abundância.

De acordo com Rhonda Byrne no livro O Segredo, *"Sua mente tem o poder de fabricar a realidade. O que você pensa, você sente; o que você sente, você vibra; e o que você vibra você atrai para si. Somos seres vibracionais que interagem com o universo"*. As vibrações (de dor e de medo, por exemplo) atraem a pobreza. Assim como as vibrações de satisfação, alegria e vitória atraem a abundância. Em outras palavras: o que me motivava a ser rico não era usufruir as coisas boas da vida, mas o medo de passar dificuldades no futuro. E conforme também ensina o PhD Paulo Vieira, *"querer ser rico é completamente diferente de temer ser pobre"*.

Durante os treinamentos, descobri que praticamente em toda a minha vida, minhas decisões, comportamentos, hábitos e desejos tinham como motivação: não sofrer, não passar necessidade, não estar despreparado caso alguma coisa de ruim ou algum imprevisto acontecesse no futuro. Eu descobri que a minha vida inteira eu havia usado o combustível errado para me motivar a conquistar a coisa certa.

Motivações erradas são como combustível adulterado: assim como em um carro você pode até andar no começo, mas uma hora vai falhar, vai perder a força. E lá na frente, a conta vai chegar.

E a conta havia chegado: eu já estava com mais de 35 anos de idade, dependente financeiramente dos meus pais, minha mãe se aposentou e eu me vi ameaçado pela possibilidade de não conseguir prosperar. Eu só imaginava que se minha mãe morresse eu estaria perdido! E para não passar necessidade, eu precisava ganhar dinheiro urgente!

Mais uma vez, eu não percebia que eu mesmo estava amaldiçoando a minha vida com aquele tipo de pensamento.

Ter motivações erradas para fazer, ter, multiplicar, usufruir, abundar e continuar tendo dinheiro é como criar um mural - não de uma vida extraordinária - mas de uma vida amaldiçoada, onde todos os dias você tem como motivação a visualização de cenas de dor e escassez.

- Você acorda cedo ou trabalha até mais tarde porque não quer perder seu emprego?
- Você faz um monte de pós-graduações porque não quer ter uma aposentadoria ruim no futuro?
- Você guarda dinheiro porque não quer passar necessidades?

Como está o seu mural interno de motivações? Você busca a riqueza por causa do que ela pode proporcionar ou porque você quer se livrar dos seus medos, dificuldades, dores ou limitações? O que você visualiza quando pensa em ganhar ou fazer mais dinheiro? Sinceramente? No meu caso, toda a visão do que eu queria conquistar estava ofuscada pelas motivações erradas. O que me motivava a ganhar dinheiro eram visões de conseguir me livrar de coisas ruins do passado e, especialmente, para não ter problemas futuros. É claro que é importante você ter uma reserva financeira. Mas o foco dela não pode ser apenas o medo do futuro.

Foi através de vários treinamentos de inteligência emocional que consegui entender que todas as motivações que eu tinha na vida a respeito de dinheiro e riqueza tinham sido negativas. E através de muito estudo, prática, mudança de hábitos e um processo de 10 sessões de coaching, eu finalmente consegui mudar as minhas crenças e parar de buscar coisas por causa de medo e dor. Hoje o que me motiva são coisas positivas: quero ganhar dinheiro porque eu quero investir mais; comprar uma casa e um carro; fazer vários cursos; viajar mais; investir na minha carreira e no meu negócio; tirar férias prolongadas; fazer um intercâmbio; ter liberdade financeira e o mais importante: INVESTIR EM MIM MESMO.

Mudar as minhas crenças e motivações a respeito das finanças fez com que eu começasse uma nova vida. A qualidade das minhas decisões e comportamentos mudou. E a minha certeza quanto ao que eu quero (foco no positivo) e do meu posicionamento perante aos desafios da vida me deram uma nova perspectiva de vida e um novo destino.

Será que os seus sonhos, metas e objetivos não estão se tornando realidade porque a motivação por trás deles tem sido o medo ou a dor?

Vamos descobrir isso agora! Chegou a sua vez de identificar a qualidade das motivações por trás da sua busca financeira. Pegue um papel e uma caneta, e responda sinceramente:

1- O que você tem dito a si mesmo para se motivar a trabalhar e ganhar dinheiro?

2- Por que você escolheu o trabalho ou emprego onde se encontra hoje?

3- Por que você continua trabalhando nesse negócio ou lugar?

4- Você tem poupança ou reserva de emergência? Por quê?

5- O que tem motivado as suas ações, decisões, hábitos e comportamentos ao longo da sua vida? Tem sido motivações positivas e de abundância ou negativas e de escassez?

Hoje eu conto a minha história de vida através do Programa Você Protagonista, onde eu faço atendimentos online semanais e utilizo como ferramenta o Coaching Integral Sistêmico. Consegui voltar ao mercado de trabalho, agora com a experiência de que, quando nossas motivações para conseguir algo são negativas, a tendência é de que não iremos conquistar nada. E aprendi também sobre a importância de ter motivações positivas para se atingir metas, objetivos e realizar sonhos.

Você se identificou com alguns dos exemplos citados neste capítulo? E com alguma parte da minha história? Percebeu motivações negativas que precisam ser trabalhadas? Você tem vivido a vida inteira tomando decisões e guiando a sua vida por causa da dor ou do medo?

Emésio Neto

Natural de São Luís do Maranhão e residente em São Paulo, Emésio Neto é publicitário, escritor, palestrante, analista de perfil comportamental, master coach e especialista em inteligência emocional.

Formado em Comunicação Social pelo IESB e em Master Coaching Integral Sistêmico pela Febracis, já publicou artigo científico pela FGV (Método Socrático), lançou o livro "O Protagonista" (Editora Saphi) e ganhou prêmios dentro e fora do Brasil com o curta-metragem de animação Rua das Tulipas, que fala sobre a realização de sonhos.

Comprometido com o desenvolvimento humano e em impactar a vida das pessoas com a sua própria história, Emésio Neto é atualmente o autor do Programa Você Protagonista.

Entre em contato comigo pelo meu telefone, e-mail ou site, que no que eu puder ajudar você pode contar comigo.

(11) 91478-5476

www.emesioneto.com.br

coachemesio@gmail.com

emesioneto

"Depois que aprendemos a gastar melhor, acredite, gastamos com mais consciência. Gastos sem propósito, desnecessários e que não contribuem com a vida que desejamos, serão cada vez menos frequentes e então, como num passe de mágica...tcharam! Mais dinheiro para você investir em seus sonhos, objetivos e metas!"

Fernanda Souza

Capítulo 8

Metas financeiras

POR QUE NÃO SOBRA DINHEIRO PARA SUAS METAS?

Já se perguntou isso? Por que o salário mal dá para pagar as contas? Por que quando sobra, surge um imprevisto, alguém te pede emprestado ou acaba comprando algo que não estava nos planos? De uma forma ou de outra, nunca sobra.

Era outubro de 2013, lá estava eu, com 16 anos, vestindo minha farda azul de menor aprendiz, trabalhando no Centro Administrativo da Bahia com a famosa "carteira assinada" e recebendo pela primeira vez um salário. Agora, com o dinheiro na mão, estava permitido sonhar, fazer planos e ousar ter metas! Correto? Errado!

Como boa parte da população, eu também não tinha recebido qualquer tipo de educação financeira e o dinheiro começou a ir embora rápido demais. Sabe como é chegar no dia 10 e a conta já estar zerada? Precisar usar o cartão de crédito para chegar no fim do mês?

Então, foi assim que vivi por anos, até que me vi devendo em diversos cartões, usando o cheque especial para cobrir o pagamento mínimo e assistindo minhas dívidas crescerem assustadoramente.

Todos aqueles sonhos de viajar, conhecer o mundo, ter um cantinho, fazer uma faculdade e etc. iam ficando esquecidos, sempre em um futuro distante.

E por que estou te contando isso? Porque tudo mudou quando eu descobri algo. Eu estava presa na "corrida dos ratos", tinha me tornado uma pagadora de boleto, estava presa no ciclo de trabalhar para pagar contas. E o pior, pagando por parcelas que nem lembrava mais do que se tratava. Uma das coisas que descobri ser verdadeira é que aprender a gastar melhor faz toda diferença.

Aprendi que gastar sem consciência e tentar sustentar um padrão de vida quc não cabc no nosso bolso nos afastam das nossas metas financeiras e de uma vida com mais liberdade de escolha.

APRENDENDO A GASTAR MELHOR

Você me pergunta: como assim Fernanda? Gastar melhor?! Preciso cortar gastos! E minha resposta é simples: O problema nunca é o QUANTO gastamos, mas COMO e PORQUÊ gastamos. Aprender isto muda tudo. Nunca deveria ser sobre cortar gastos, e sim sobre gastar melhor e investir em suas metas.

Vejo a educação financeira como ponte entre nós e nossos sonhos e objetivos. Não acredito em uma vida de restrições visando acumular dinheiro para um futuro distante. Isso é vibrar na escassez e renunciar o momento presente.

É essencial aprender a gastar melhor. E não existe receita de bolo para isso, cada pessoa vai definir o que faz sentido.

Gastar melhor é colocar nosso dinheiro em coisas e experiências que são importantes, que trazem satisfação, alegria, bem-estar, conforto, segurança e etc.

Por exemplo, para alguém que valoriza a moda, vestir-se bem é um autocuidado e faz bem para sua autoestima. Está tudo bem separar parte de seu orçamento para isso. Para alguém que gosta de comer bem e esses momentos são oportunidades de estar com pessoas que ama, está tudo bem também. Descubra o que faz sentido para você.

Depois que aprendemos a gastar melhor, acredite, gastamos com mais consciência. Gastos sem propósito, desnecessários e que não contribuem com a vida que desejamos, serão cada vez menos frequentes e então como num passe de mágica...tcharam! Mais dinheiro para você investir em seus sonhos, objetivos e metas!

O JEITO CERTO X O JEITO ERRADO DE FAZER METAS

Sabia que existe um jeito certo e um jeito errado de fazer metas financeiras? Sim, existe! Preciso compartilhar algo valiosíssimo, sobre nosso cérebro, que aprendi com a Drª Francis Paciornik (Neurologista e terapeuta Junguiana).

Temos 2 circuitos emocionais em nosso cérebro e só conseguimos acionar um por vez. Um circuito nos coloca no sistema de ansiedade e o outro no sistema de recompensa. Acompanhe comigo esse exemplo e veja se já viveu algo parecido.

Às vezes, nosso objetivo é obter mais dinheiro para realizar um sonho, mas junto com essa vontade nasce um sentimento que "aperta o peito", como ansiedade, angústia, dúvidas e medo de se frustrar.

Você pensa: "isso não é para mim, nunca vou conseguir juntar tanto dinheiro assim", "vai demorar anos até eu conseguir realizar esse sonho", "isso é só para quem é rico!". Ou seja, você acabou de ativar o circuito errado!

Quando isso acontece, nosso cérebro encara como um alerta! A mensagem é: Perigo! Gatilho que ativa o circuito da ansiedade. Automaticamente, sua corrente sanguínea é inundada de cortisol, o "hormônio do stress".

Em contrapartida, nosso cérebro com a configuração: fuja da dor, busque o prazer, vá nos levar àquelas comprinhas que ativam o sistema de recompensa e trazem uma satisfação, mesmo que momentânea.

Percebe por que uma meta que ativa a ansiedade é uma tremenda armadilha e te prende num ciclo vicioso?

Calma, eu me comprometi a te ensinar a fazer boas metas financeiras e essa é a minha missão neste capítulo.

Entretanto, antes de seguirmos, eu preciso que aprenda que o seu "sentir" vai fazer toda a diferença, será sua bússola!

No momento em que estiver criando suas metas observe seu corpo, suas emoções. Se gerar ansiedade, sinal de alerta! Mas se te empolgar, e trouxer animação: sinal verde! Aqui o grande segredo é usar o circuito da recompensa como grande aliado.

Uma meta do tipo: "mais dinheiro para formar uma reserva financeira", que ativou o modo stress, pode ser transmutada!

Uma meta que ativa o circuito da ansiedade, geralmente está focada somente no resultado final. Exemplo: Preciso de 150 mil reais para os estudos do meu filho. Quando pensa nos 150 mil, você acaba se desesperando, achando impossível juntar esse volume de dinheiro e que isso será frustrante, então você acaba desistindo antes mesmo de começar.

Para essa meta ter mais chance de sucesso é preciso focar no processo. Observe essa metodologia: comece a organizar as finanças, descubra onde o dinheiro vai parar, aprenda a fazer boas escolhas, gaste melhor, ressignifique suas crenças sobre o dinheiro, crie um plano e invista com estratégia e consistência! Isso é focar no processo, no COMO.

Ao seguir esse passo a passo e manter-se sem pressa e sem pausa, com constância (fazendo sempre) e perseverança (lembrando-se porque você está fazendo), como nos ensina a maravilhosa professora Lucia Helena Galvão, a consequência natural será mais dinheiro para o que é importante, sua meta.

Metas de sucesso > circuito de recompensa > foco no processo > resultado como consequência natural.

Metas que falham > circuito da ansiedade > foco no resultado> autossabotagem e procrastinação.

Como garantir que está acionando o sistema certo? Lembra da sua bússola natural? O seu sentir! Sentiu animação, empolgação e energia? Isso significa que o seu cérebro liberou o hormônio dopamina e você ganhou um aliado.

Lembre-se, seu cérebro quer aprender e evoluir e para isso precisa dos motivos certos.

CONHECENDO OS 4 ESTÁGIOS PARA CRIAR SUA META

Tudo que existe no mundo manifestado passa por 4 estágios de criação.

Estágio 1: surge a VONTADE, a ideia (plano espiritual). Neste ponto é decidido o que será criado, precisamos ter muita clareza do PORQUÊ. Se querermos algo pelos motivos errados, isso se tornará um pesadelo. Imagine começar uma reserva por medo de faltar no futuro, a cada depósito estaremos alimentando esse medo.

Estágio 2: forma-se o PENSAMENTO, a razão vai te ajudar a buscar formas de realizar sua meta, o desejável COMO (campo mental).

Estágio 3: você precisará conectar sua vontade e pensamento a um SENTIMENTO, esta será a fase de encontrar a motivação. Gosto de separar esta palavra em "motivo" para "ação". Aqui fica bem claro O QUE você deseja (campo emocional).

Estágio 4: temos a AÇÃO, a manifestação (campo físico), o que é necessário para realizar: o quando, o onde e o quanto.

É só usar o fluxo abaixo e estruturar suas metas:

porquê > como > o que > quanto, quando e onde.

Sigo para a conclusão mas antes quero lhe deixar um exemplo prático:

Ex.: Criar mais oportunidades e experiências para minha filha > Pagar estudo de qualidade/intercâmbio > Montar uma reserva financeira > Investir mensalmente pelos próximos 16 anos em renda fixa e variável e acumular R$ 150.000,00. Percebeu que criar uma meta financeira de forma simples é possível?

Fernanda Souza

É mãe de Ayla, esposa de Otto e a criadora do projeto @prosperandocomproposito. Formada em Ciências Contábeis pela Universidade Federal da Bahia, possui MBA em Finanças pela Fundação Getúlio Vargas e cursos como Equilíbrio Financeiro, Inteligência Financeira do Gustavo Cerbasi e Cura com o Dinheiro da Manu Lins.

Em suas redes sociais, compartilha diariamente uma nova perspectiva sobre a prosperidade. Ensina como gastar melhor e usar o dinheiro como ferramenta para construir uma vida rica em experiências, liberdade de escolha e propósito.

Sua missão é trazer uma nova consciência sobre o dinheiro e ajudar a construir um mundo melhor, incentivando o consumo consciente, o empreendedorismo feminino, e o autoconhecimento, descomplicando a educação financeira.

@prosperandocomproposito

prosperandocomproposito@gmail.com

Te espero nas redes sociais e na Jornada Descomplicando minhas Finanças!
Acesse o QR Code

"Ao negar que a riqueza demanda tempo, pode-se encontrar armadilhas que parecem, em princípio, oportunidades."

Augusto Alencar

Capítulo 9

Vida com princípios: o sucesso é uma decisão

Existem pessoas bem-sucedidas e organizadas no quesito financeiro. Isso não é mágico, tampouco é um dom. É o resultado de um processo que tem início com a determinação, passando pela disciplina e prosperando com o conhecimento. Todas essas etapas exigem dedicação pessoal, entretanto, diferente do senso comum, que equivale a quantidade de esforço a uma expectativa de riqueza proporcional ao empenho, é a tomada de decisão estratégica que realiza o sucesso financeiro.

O esforço com o direcionamento adequado produz mais resultados, pois evita o desperdício de energia com decisões inadequadas. Algumas decisões são tomadas de maneira tão automática que podemos até nos esquecer do fato gerador, mas o vínculo é mantido à escolha feita inicialmente.

A força do hábito não é necessariamente ruim, visto que libera a energia para as tomadas de decisões que são realmente importantes, como, por exemplo: é bom ter o hábito de reservar uma parcela dos rendimentos mensais, pois possibilita que haja recursos para uma decisão consciente de investimento, isto é, com a reserva do dinheiro feita de maneira continuada e inconsciente, é possível que o cérebro seja utilizado para as estratégias que potencializem os retornos a partir do hábito.

Entretanto, o hábito também tende a evidenciar as crenças limitantes ou padrões de comportamento que precisam ser revistos. Ao longo da vida, as pessoas absorvem concepções externas ou consomem discursos que não valorizam o dinheiro. A tendência é repetir muitas vezes o que se ouve e o que se vê, a tal ponto de tornar inconsciente para o indivíduo, e isso é refletido nas ações conscientes que impedem o progresso financeiro. Acompanhar pessoas que sempre gastam muito e reclamam da falta de dinheiro pode levar o sujeito a ter as mesmas atitudes.

Mas não é um veredito. Anime-se, porque, ao entender como as decisões são operacionalizadas, é possível atualizar o modo de pensar e de agir. Neste capítulo, serão apresentados três princípios fundamentais para incorporar ao seu estilo de vida, pois servirão de base para as suas novas decisões, não mais tomadas de maneira automática, mas sim, por princípios financeiros.

DINHEIRO É A SEMENTE DO DINHEIRO

O primeiro princípio preconiza que as pessoas precisam ter dinheiro para enriquecer. Imagine que você receba um pote de barro com sementes. No seu percurso, você encontra com uma pessoa e permite que ela pegue algumas sementes do pote. Mais adiante, outra tem a sua autorização para pegar mais sementes e ela vai embora. Essa situação ocorre por diversas vezes. No momento do plantio, você percebe que não tem mais sementes no pote e nunca saberá o que poderia ter colhido.

O seu dinheiro é a semente e você fica sem ele quando você não o valoriza. O banqueiro recebe juros quando você utiliza mais do que o saldo disponível. O empresário recebe o seu dinheiro quando você paga pelas suas contas atrasadas, quando você compra produtos, quando consome serviços que não precisa ou não os utiliza. Os governos recebem por infrações cometidas. Destaca-se que o objetivo não é criticar banqueiros, empresários ou governantes, é informar que o sujeito das ações é você e que as suas atitudes e os seus comportamentos podem gerar perdas.

No estilo de vida próspero, você sabe quantas sementes recebe, reserve algumas para si antes do percurso, e decida com quem irá compartilhar. Existem diversos modos para ter o controle da situação, desde papel e caneta até planilhas. Uma maneira rápida de visualização inclui os sistemas informatizados dos cartões de crédito ou de carteiras virtuais, pois detalham cada gasto e os categorizam. Em marcações manuais ou planilhas, os campos: data, valor e referências devem ser incluídos.

De posse do controle e com a certeza de que foi possível reservar um capital para si, você pode selecionar um ou mais investimentos para realizar. Nem todos os investimentos serão bem-sucedidos, no entanto, o poder dos juros compostos, em algumas escolhas, proporcionará novas sementes. Por isso a importância de fazer investimentos recorrentes, visto que o seu capital aumentará na medida que você obtiver cada vez mais sementes para repetir os processos.

A RIQUEZA DEMANDA TEMPO

O tempo é um aliado do investidor, ainda que nem sempre seja visto como tal. O ser humano tem uma quantidade finita de tempo ao longo da vida e os eventos de investimento necessitam de um determinado período para apresentarem resultados relevantes.

Ao negar que a riqueza demanda tempo, pode-se encontrar armadilhas que parecem, em princípio, oportunidades. As pessoas acreditam e oferecem planos mirabolantes para os outros. Muitos sentem vontade de aportar, pois são iludidos com o enriquecimento mágico e com a possibilidade de transformar a rotina da vida com luxos e ostentações. Todos podem ser suscetíveis a esse desejo, e não é incomum conhecer histórias de pessoas que acumularam certa quantidade de recursos, e que estes desapareceram em um curto espaço de tempo.

A promessa de ganhos rápidos com retornos irreais está sempre acompanhada de um risco que não é explicitado. Em senso comum, ninguém quer ficar rico devagar. Por exemplo, se perguntarem para alguém a respeito da preferência em receber um milhão de reais imediatamente ou receber um centavo a ser dobrado de valor a cada dia, durante um mês, acredita-se que a maioria optaria pela primeira opção. Alguém consciente do benefício de utilizar o tempo a seu favor na riqueza, escolheria a segunda opção.

Após dez dias, verifica-se que a opção pelo centavo vale um pouco mais de cinco reais, ou seja, aparentemente, escolher um milhão seria a melhor opção. Depois de vinte dias, o centavo se torna mais de cinco mil reais, porém continua distante do milhão. No entanto, no trigésimo dia, o resultado da espera seria convertido em mais de cinco milhões.

Recomendo que você faça o teste de multiplicar 0,01 (um centavo) por 2 e repetir o cálculo com o resultado para os trinta dias. Você verá um processo lento seguido por um aumento cada vez mais rápido do seu capital.

Tão importante quanto ganhar é não ter perdas grandes o suficiente para inviabilizar o processo de multiplicação no tempo. Logo, é possível acumular cada vez mais capital quando mudamos o foco de ganhos no curto prazo para a preservação do capital no longo prazo.

MONETIZE O SEU CONHECIMENTO

Enquanto você aguarda o passar do tempo e vigia os próprios atos, conseguirá perceber que dinheiro faz dinheiro, logo, mais dinheiro faz mais dinheiro. Quando aceitamos um salário como remuneração, criamos um teto para a receita possível e delegamos a um terceiro a definição do limite máximo.

Monetizar com o próprio conhecimento parece mais próspero, pois o investimento feito ao longo da vida é um dos maiores valores que uma pessoa pode possuir. A liberdade geográfica pode ser retirada, todavia, o conhecimento jamais pode ser extinto, e com vontade de empreender todos podem ter ganhos. Os recursos destinados ao desenvolvimento pessoal devem ser incluídos nas despesas desejáveis, posto que a capacidade de geração de riqueza é diretamente proporcional à capacidade de gerar e identificar oportunidades.

Por exemplo, saber fazer uma narrativa ou ter a capacidade de contar histórias relevantes podem gerar uma aula acerca de uma temática que atraia um público pagante específico. Várias aulas formatadas e com objetivo definido tendem a render treinamentos que potencializam mais oportunidades de prestação de serviço. Aumentando o público pagante e o espaço, os treinamentos iniciam a jornada do palestrante, que pode fazer uso do próprio conhecimento para transformar vidas.

O formato que é dado ao conhecimento possibilita diferentes modos de ter mais capital. O digital aumentou ainda mais a escalabilidade do seu produto, pois permite aulas remotas e treinamentos virtuais ou um palco virtualmente infinito para palestras. A influência digital é a potencialidade para utilizar os meios online que mudam desde opiniões até comportamentos. O conhecimento pode ficar consagrado em livros físicos ou virtuais, escritos ou falados.

A aplicação desses princípios é o caminho do sucesso financeiro e da prosperidade. Ainda que existam outros princípios além dos apresentados, ter a consciência de que dinheiro gera dinheiro, de que o tempo é um dos elementos que faz o dinheiro aumentar e de que o conhecimento é o maior valor e pode ser monetizado, o seu futuro será transformado neste presente.

Augusto Alencar

Engenheiro mecânico formado pela UNICAMP e mestre em projeto mecânico com simulações computacionais. Finalista do 1° Desafio Top Gestor promovido pelo Banco Safra para montagem e acompanhamento de carteiras de investimento com ativos nacionais e internacionais. Avaliador das edições de 2019 e 2020 do Desafio Dante GEN do Colégio Dante Alighieri com foco em empreendedorismo juvenil para solução de problemas. Assessor de Investimento certificado pela ANCORD e responsável pelas Mesas de Renda Fixa, Fundos de Investimento e Mercado Futuro.

@augusto.amigoinvestidor

AugustoAmigoInvestidor

@augustocmga

https://augustocmga.wixsite.com/amigoinvestidor

augustoamigoinvestidor@gmail.com

"...as escrituras possuem aproximadamente 300 versículos sobre anjos, 500 sobre amor, 700 sobre fé e mais de 2.350 versículos falando sobre dinheiro e riquezas. Você percebe que a Bíblia fala mais de dinheiro do que de qualquer outro assunto?"

Valmer Albuquerque

Capítulo 10

Finanças e espiritualidade

Eu fiquei muito honrado quando recebi o convite para falar desses dois temas tão importantes: finanças e espiritualidade, temas que fazem parte da vida de todo ser humano. Espiritualidade fala sobre conexão com Deus, entendendo que Ele é a base de todas as coisas; finanças falam sobre dinheiro, bens, posses materiais, uma necessidade básica de todo ser humano.

O Brasil hoje é o segundo maior país cristão do mundo, com aproximadamente 175 milhões de cristãos, 81% da nação acredita na Bíblia como sendo a palavra de Deus. Na teoria, isso mostra que somos um país instruído com relação às Escrituras e que temos um bom entendimento sobre o assunto. Será que isso é verdade?

Bem, as escrituras possuem aproximadamente 300 versículos sobre anjos, 500 sobre amor, 700 sobre fé e mais de **2.350 versículos falando sobre dinheiro e riquezas.** Você percebe que a Bíblia fala mais de dinheiro do que de qualquer outro assunto? Pensa comigo, se a maior parte da população brasileira é cristã e as escrituras falam tanto sobre dinheiro, por que muitos ainda vivem atolados em dívidas e com a vida financeira totalmente desequilibrada? Justamente pelo fato de não ter um conhecimento profundo sobre a palavra de Deus.

O livro de Oséias 4:6 diz: "O meu povo está sendo destruído, porque lhe falta o conhecimento". A falta de conhecimento está levando muitas pessoas a viverem uma vida de privações, falta de recursos financeiros, miséria e tristeza. Algumas pessoas até mesmo acreditam que é da vontade de Deus que elas vivam assim, umas crêem que estão sendo punidas, outras acham que o dinheiro é a raiz de todos os males; alguns acreditam que ricos não vão entrar no Reino de Deus e se tiverem uma boa condição financeira vão perder a salvação; ou seja, estão sempre associando o dinheiro à coisas ruins, sentem orgulho da pobreza e olham para pessoas que tem uma boa condição financeira com condenação. Constroem suas crenças e verdades absolutas baseadas nas experiências que viveram ao longo da vida e em versículos isolados da Bíblia.

ENTENDENDO A SUA VERDADEIRA IDENTIDADE

A primeira coisa que você precisa entender é a sua própria origem, sua real e verdadeira identidade, quem é o seu Pai, quem te criou, qual a sua herança e quem você é em Deus.

Ele é o Senhor de toda criação, Ele é o dono de tudo, o arquiteto do Universo. Deuteronômio 10:14 diz: "Eis que os céus e os céus dos céus, são do Senhor, teu Deus, a terra e tudo o que nela há". Tudo pertence a Deus!

O salmista Davi traz uma grande revelação sobre quem somos em Deus, ele diz em Salmos 8:4-6: "Que é o homem, que dele te lembres? E o filho do homem, que o visites? Fizeste-o, no entanto, por um pouco, menor do que Deus e de glória e de honra o coroaste. Deste-lhe domínio sobre as obras da tua mão e sob seus pés tudo lhe puseste...". Nós fomos feitos à imagem e semelhança do Criador, somos um pouco menores do que Deus! Ele já nos deu domínio sobre as obras de Suas mãos, fomos feitos para governar sobre todas as coisas.

O livro de Ageu 2:18 diz: "Minha é a prata, meu é o ouro, diz o Senhor dos Exércitos." Provérbios 8:18 diz: Riquezas e honra estão comigo, bens duráveis e justiça". Deus é a fonte de toda riqueza que existe na terra, os minérios mais importantes do mundo são Dele! Ele é uma fonte inesgotável de riqueza! Deus através do profeta Isaías diz: "Dar-te-ei os tesouros escondidos, e as riquezas encobertas, para que saibas que eu sou o SENHOR, o Deus de Israel, que te chama pelo teu nome" (45:3).

Será que não está claro para você qual é a vontade de Deus para a sua vida e o que Ele deseja entregar em suas mãos? Quero te dizer uma coisa muito importante, Deus não vai fazer mais nada, tudo já está feito! Ao invés de orar pedindo para Ele fazer algo, você precisa tomar posse do que Ele já fez, assumir a sua identidade de filho. "Se somos filhos, então, também somos herdeiros; herdeiros de Deus e co-herdeiros com Cristo" (Romano 8:17). Pare um pouco e reflita: você é a imagem do Criador, tudo que existe na terra é Dele, Ele é a fonte de toda riqueza, você é filho e herdeiro, então qual será o tamanho da herança que o seu Pai tem escondida para você acessar?

É verdade que o grande mal da humanidade não é o dinheiro, mas o "amor ao dinheiro". Veja o que diz em 1 Timóteo 6:10: "Porquanto, o amor ao dinheiro é a raiz de todos os males e por causa dessa cobiça, alguns se desviaram da fé e se atormentaram em meio a muitos sofrimentos". Dinheiro no bolso é benção, no coração é maldição. Na passagem do jovem rico que está escrita no evangelho de Lucas, aquele moço queria saber como ter acesso à vida eterna e Jesus olhando profundamente para ele e para o seu coração, viu o que ninguém conseguia ver. "Jesus disse-lhe: Uma coisa ainda te falta: vende tudo o que tens, dá-o aos pobres e terás um tesouro nos céus; depois, vem e segue-me. Mas, ouvindo ele estas palavras, ficou muito triste, porque era riquíssimo" (18:22-23). Jesus não queria que aquele jovem ficasse pobre, sem dinheiro, que passasse necessidade. Ele queria o coração daquele homem, mas o moço estava cego, consumido por suas próprias paixões.

O dinheiro não pode ser um fim, mas um meio, ele tem que ter um propósito. A causa pela qual muitas pessoas têm se perdido é que vivem uma busca alucinada para alimentar as suas vontades. Em Tiago 4:3 diz: "E quando pedis não recebeis, porquanto pedis com a motivação errada, simplesmente para esbanjardes em vossos prazeres". Sinceramente, qual é a verdadeira razão pela qual você quer ter dinheiro? Quando você ora e faz um pedido a Deus, qual a sua real motivação? Será que você não está subindo a montanha pelos motivos errados? Você precisa ter o seu porquê bem claro e alinhado com o Criador, colocando a vontade de Deus à frente de todas as coisas.

PARA QUE SERVE O DINHEIRO?

Eu tenho ensinado aos meus mentorados que ganhar dinheiro não é pecado, o dinheiro serve para três coisas muito importantes:

SEGURANÇA para você e sua família. Qualidade de vida, uma boa moradia, um bom carro, um bom plano de saúde e ausência de privações. "Quanto ao homem a quem Deus conferiu riquezas e bens e lhe deu poder para deles comer e receber a sua porção, e gozar do seu trabalho, isto é dom de Deus". (Eclesiastes 5:19)

REALIZAR SONHOS. Sejamos francos, existem sonhos que somente com dinheiro você pode desfrutar. Qual sonho você tem atualmente e que se tivesse dinheiro iria realizar? Quando você realiza os seus sonhos, o dinheiro te proporciona novas experiências. "Quando o Senhor restaurou a sorte de Sião ficamos como quem sonha. Então, a nossa boca se encheu de riso, e a nossa língua, de júbilo; então, entre as nações se dizia: Grandes coisas o Senhor tem feito por eles. Com efeito, grandes coisas fez o Senhor por nós; por isso, estamos alegres". (Salmos 126:1-3)

AJUDAR PESSOAS. Com dinheiro você pode se tornar um abençoador, ajudar pessoas próximas, se envolver em causas sociais, investir no Reino de Deus. "Se alguém tiver recursos materiais e, vendo seu irmão em necessidade não se compadecer dele, como pode permanecer nele o amor de Deus?". (1 João 3:17).

A ideia é crescer e contribuir ao mesmo tempo.

Na parábola dos talentos, citada no novo testamento (Mateus 25), Jesus deixou um código muito poderoso sobre dinheiro e Reino. Nesta passagem bíblica, um empregador chamou seus servos e confiou a cada um deles talentos (moeda da época) segundo as suas capacidades: a um deu cinco talentos, a outro dois talentos e a outro apenas um talento. O que recebeu cinco os multiplicou, ganhando outros cinco; o segundo servo fez o mesmo e ganhou mais dois; e o último, temendo, escondeu o seu único talento, enterrando o que o senhor havia colocado em suas mãos. Chegando o dia da prestação de contas, cada um recebeu segundo a sua ousadia e sua habilidade de negociação.

Trazendo para o nosso contexto atual, precisamos entender que o mundo está passando por uma grande mudança, e neste tempo já existem pessoas acessando esses princípios e desfrutando dos tesouros antes escondidos. Não podemos ficar de fora deste movimento! Chegou a hora de tomarmos posse do que é nosso por direito, vencermos o medo, agirmos de forma ousada e com sabedoria, tendo um profundo alinhamento com Deus para crescermos financeiramente e multiplicarmos as nossas riquezas.

Eia! Subamos e tomemos posse da terra, porque, é certo que venceremos! (Números 13:30)

Posso lhe fornecer mais informações sobre esse tema através do QR Code:

Valmer Albuquerque

É pastor há 17 anos, empreendedor, empresário, pai de duas meninas, Sophia e Sarah, esposo da Bartiria. Tem uma empresa de energia solar, é master coach, especialista em perfil comportamental, treinador de alta performance, formado pela Febracis. Apaixonado por pessoas, já trabalha há 22 anos com desenvolvimento humano, tendo morado em mais de 30 cidades e 6 estados do Brasil levando a Palavra de Deus, ajudando pessoas, restaurando famílias e criando um novo estilo de vida.

Atua fortemente como mentor de fé e finanças, ajudando pessoas a construírem sua liberdade financeira, mostrando que prosperidade e abundância é um dom divino, uma herança para todos os filhos de Deus. Ganhar dinheiro não é pecado, é totalmente possível ter uma boa condição financeira e se manter espiritual no caminho.

@valmeralbuquerque

Valmer Albuquerque

"Se você não sabe quanto ganha e quanto gasta, nunca vai saber gerenciar suas finanças."

Juliana Trigueiros

Capítulo 11

Organização financeira

Quando pequena, frequentemente via minha mãe fazendo empréstimos e usando o cheque especial, simplesmente por não saber como se organizar financeiramente. Ao invés de copiá-la, preferi repelir este comportamento: desde os 14 anos de idade, quando comecei a receber mesada, faço o controle de quanto ganho e gasto. Atitude que para mim é algo simples e natural. Contudo, sei que para muitas pessoas a organização das finanças é um grande desafio e que poucas ousam encarar. A maioria, infelizmente, opta por permanecer às cegas e contar com a sorte, mergulhada em dívidas ou conformada com a escassez, ao invés de ter a coragem de enxergar a verdade sobre suas finanças e começar a agir como alguém que, de fato, tem controle sobre elas.

Lembro-me de que, ainda adolescente, eu fazia meu controle mês a mês em um caderninho vermelho e anotava absolutamente tudo que eu comprava. Sentia um enorme prazer em anotar meus ganhos, contas a pagar, realizações, e sobretudo, na sensação de controle e segurança proporcionada por esta atitude. Aos 17 anos, durante um curso de informática, eu desenhei a casa que eu gostaria de ter. Ali estava o meu primeiro projeto de vida: uma casa de 120 m². Para alcançar esta meta, eu sabia que além de controle financeiro, eu precisaria de um bom planejamento. Passei a fazer projeções de forma mais direcionada e a fazer horas extras antes de conseguir um segundo emprego para acelerar meus ganhos.

A casa ficou pronta em três anos, graças à minha determinação e também à ajuda da minha mãe, que contribuiu especialmente para a construção da laje. Na fase de acabamento, ela chegou a ficar preocupada com a possibilidade de eu não conseguir o valor. Por achar que eu era muito nova para assumir tamanha responsabilidade, me convenceu a fazer um empréstimo de mil reais, sendo que na época eu ganhava no máximo 200. No fim das contas, acabei pagando o dobro do valor emprestado. Sei que a intenção da minha mãe foi a melhor possível, mas a partir daquela experiência, afirmei o autocontrole sobre minhas decisões e concluí que perder dinheiro para enriquecer (ainda mais) os bancos, seria a última das opções a partir de então.

Do desenho na tela do computador à finalização da minha primeira casa própria, percorri uma trajetória relativamente curta, mas que não foi fácil. Os processos pelos quais passei para concretizar essa e tantas outras conquistas que viriam adiante foram complexos. Mesmo enfrentando obstáculos pelo caminho, eu sempre fiz questão de compartilhar com outras pessoas o que eu aprendi. Como supervisora de operações do Banco Itaú, por exemplo, me empenhei para multiplicar conhecimentos sobre finanças entre os meus operadores. Em reuniões de alinhamento, enquanto eu ensinava o que eu sabia, notava que a falta de controle financeiro abalava muito a produtividade e a qualidade das equipes. Aquela percepção foi crescendo no mesmo ritmo da minha vontade de ajudar pessoas a melhorar nessa área.

Mas acontece que, diferentemente do que eu imaginava, eu precisava passar por grandes transformações antes de ter o privilégio e a responsabilidade de trabalhar para mudar o mindset financeiro de outras pessoas. Em um curso sobre inteligência emocional, descobri que eu era pobre, pois não tinha uma reserva financeira de segurança suficiente para viver por seis meses sem trabalhar. Até então, todo o dinheiro conquistado estava imobilizado: casa, carro, apartamento e terrenos. Quando entendi que não adiantava só fazer controle e viver na escassez, compreendi que eu precisava mudar a minha mentalidade.

A partir dessa consciência, busquei novos conhecimentos e metodologias que ampliaram meus horizontes para que eu entendesse o que, de fato, é ter organização financeira de alta performance. Com o amadurecimento deste novo mindset, criei o Método Evolução, um programa para quem deseja ter alta performance pessoal, profissional e financeira. Ao ministrar o módulo exclusivo sobre organização financeira, disponibilizo para meus coachees uma planilha automatizada, que muito tem me ajudado e a tantos outros a realizar grandes sonhos. Porém, antes de utilizar essa ferramenta prática, é fundamental conhecer os seis princípios da organização financeira fracionada. São eles:

- 10% para liberdade financeira - esse investimento de longo prazo é fundamental para quem sonha em viver com qualidade de vida e tranquilidade no futuro.

Funciona assim: abra uma conta bancária e deposite nela 10% de toda a sua receita a cada mês. Só movimente essa conta para criar fluxo de rendimento passivo. Esse dinheiro deve ser "esquecido" até que, ao se aposentar, você passe a usufruir dos rendimentos, sem gastar o valor principal.

- 10% para diversão - encare este percentual como uma espécie de recompensa merecida.

A finalidade deste recurso é gerar satisfação e prazer. Para desfrutá-lo, é preciso ensinar ao cérebro (caso ele não saiba) que o dinheiro te faz bem quando te permite, por exemplo, estar com pessoas diferentes, em lugares incríveis, vivenciar novas experiências, cuidar de si mesmo(a)... Afinal, que graça tem só usar o dinheiro para pagar boletos?

- 10% para ajudar o próximo - quando você ajuda alguém sem esperar nada em troca, a vida te recompensa de forma extraordinária e você acaba recebendo muito mais do que doou, não apenas em valores financeiros, mas também em satisfação e bem estar interior. A sensação de fazer o bem é extraordinária. Experimente! Faça essa doação de coração, sem sofrimento. Se parece difícil, comece de forma progressiva até chegar aos 10%. Lembre-se: dinheiro também é energia e envolve sentimento.

- 10% para despesas a longo prazo - organize-se para pagamento de IPVA, IPTU, seguro de veículo e outras despesas fixas de longo prazo.

Desta forma, você controla melhor seus pagamentos e evita apertos desnecessários causados por falta de previsibilidade. Se achar que abrir uma conta digital exclusiva para essa finalidade pode facilitar a sua vida, faça isso!

- 10% para realizar os sonhos - reserve esse percentual de todos os valores que você receber para realizar seus sonhos.

Deseja comprar um carro? Que tal investir 10% de sua renda em um consórcio, por exemplo? Planeja fazer uma viagem incrível ou precisa de uma cirurgia plástica para se sentir melhor consigo mesma? Seu grande sonho é ter uma casa de veraneio ou comprar um barco? Este recurso tem como destino a sua realização!

- 50% para despesas básicas - suas despesas para suprir necessidades básicas devem ser cobertas com até metade do que você ganha. Se estão maiores, você precisa urgentemente reduzir seus custos ou encontrar novas formas de ganhos.

Atenção: a despesa de cartão de crédito não pode ser classificada como uma despesa básica. É preciso considerar item por item, conforme a planilha que disponibilizo no final do capítulo. Exemplo: aluguel, condomínio, água, luz, internet, mercado, escola/curso etc.

DICAS PRECIOSAS

1. Dê preferência aos pagamentos com dinheiro à vista, mas se você consome com frequência em restaurantes, uber, mercado e etc, reserve um cartão de crédito (sem anuidade, claro) exclusivo para essas finalidades e crie limites fictícios para controlar cada despesa. Pague o valor total da fatura até a data de vencimento, sempre. Nem cogite a ideia de pagar o mínimo. Fuja deste laço!

2. Use aplicativos para te ajudar a controlar suas despesas, a exemplo do "organizze", mega simples e prático. Ideal para pessoas mais práticas e digitais!

3. Use uma pequena pasta sanfonada para organizar seus boletos/carnês e contas, separados por mês. Lembre-se de pagar cada um deles até a data de vencimento. Evite pagar juros e multas!

4. Escreva na sua agenda ou caderno qual a sua meta financeira, acompanhada de cronograma detalhado. Não desanime nem desista até atingi-la!

5. Ninguém enriquece apenas com uma fonte de renda. Há algo que você pode aprender de novo ou é tendência de mercado que dá para encaixar na sua rotina? Não dá para ter resultados diferentes fazendo as mesmas coisas! Já pensou em empreender?

Meu desejo é que esses princípios e dicas te ajudem a ter mais controle e equilíbrio nos seus gastos e ganhos. Faço votos sinceros de que todos os seus sonhos se realizem. Se precisar de ajuda para chegar mais rápido aos seus objetivos, conte comigo!

Link da planilha de controle:

Juliana Trigueiros

Como toda mulher, exerço múltiplos papéis dentro da sociedade. Além de filha, mãe e esposa, sou administradora por formação, master coach, analista de perfil comportamental, palestrante, profissional business e atuo nas minhas duas empresas, a @conect3 no seguimento do marketing digital, e a @rjsolução aceleradora de negócios e empresas. Tenho pós-graduação em Logística Empresarial e trabalho há muitos anos com gestão de pessoas, desenvolvendo habilidades e competências de equipes bem diferentes.

Há alguns anos, descobri meu propósito: ajudar pessoas e negócios, de forma personalizada, a terem lucro e equilíbrio em todas as áreas da vida. Para isso, utilizo ferramentas e processos poderosos que despertam a consciência e a tomada de decisões e atitudes para o alcance de grandes resultados. Uma das crenças que mais superei foi a financeira, todos que se aproximam de mim começam a ganhar dinheiro de forma extraordinária.

Sou grata pela vida e feliz!

@julianatrigueiros

julianatrigueiros

(71) 99999-9920

"Não é pecado dever, o pecado é não honrar suas dívidas."

Valter Vieira

Capítulo 12

Como sair das dívidas

Número de famílias endividadas no Brasil é o maior em 11 anos, aponta CNC.

Cerca de 12 milhões de famílias brasileiras estão atualmente endividadas, segundo uma pesquisa da Confederação Nacional do Comércio, Bens, Serviços e Turismo (CNC), divulgada nesta quinta-feira (4). Trata-se do maior nível de endividamento já registrado pela confederação, que analisa os dados há 11 anos.[1]

É assustador a falta de consciência financeira do brasileiro, nossas escolas não ensinam os fundamentos da gestão financeira pessoal. E aqui precisamos eliminar uma dúvida que aflige muitos brasileiros: O que é dívida? Como assim, Valter Vieira? Dívida é dívida. Vou explicar.

Dívida é toda conta/boleto/fatura vencida e não paga no prazo acordado. Logo, apesar de comprometer o fluxo financeiro, o acúmulo de financiamentos, empréstimos, parcelamentos de compras e outras despesas futuras, não são considerados dívidas.

Se tem compras parceladas e consegue pagar as faturas em dia, você tem débitos futuros e não dívidas. Quando há sinais de que não irá conseguir honrar, chamamos isso de alavancagem financeira. Essa pesquisa aborda a famosa "roda dos ratos", onde você trabalha, ganha dinheiro, paga contas e precisa trabalhar mais, pois as contas estão sempre correndo atrás de você.

A pesquisa acima assusta, e este capítulo é para você que está endividado e possue contas não pagas de cartão de crédito, contas de consumo e carnês.

O primeiro passo é ter clareza do seu estado atual, saber como anda sua saúde financeira. Ter clareza de quanto ganha e de quanto gasta. Isso é fundamental para tornar-se financeiramente saudável.

1.Fonte: Pesquisa de Endividamento e Inadimplência do Consumidor (Peic), da Confederação Nacional do Comércio (CNC). - https://www.cnnbrasil.com.br/business/endividamento-das-familias-bate-recorde-em-2021-aponta-cnc/

Quando mapeamos nosso estado atual e chegamos à conclusão que estamos com dívidas (ou seja, temos parcelas vencidas e não pagas), precisamos tomar uma decisão: quitar tudo e ser livre, ou viver pagando juros e não ter equilíbrio financeiro. Você vai aprender neste livro a importância de uma vida estruturada financeiramente.

Vou te ajudar nessa tomada de decisão para sair das dívidas.

1° passo: Classificar as dívidas.
2° passo: Mapear as dívidas.
3° passo: Negociar as dívidas.

Antes de tudo, permita-me falar sobre os cartões de crédito. Esse foi o maior aprendizado que tive.

É importante ter clareza a respeito das dívidas nos cartões de crédito: pesquisas apontam que 90% delas ocorrem pelo empréstimo do cartão a terceiros. O que é isso? Eu, Valter Vieira, empresto meu cartão de CRÉDITO para um "amigo", parente ou vizinho, com a promessa de pagamento em dia, porém no meio do parcelamento a pessoa não honra o compromisso; ainda consigo pagar algumas parcelas, mas depois não consigo mais e entro no rotativo do cartão, a famosa parcela mínima (Isso ocorreu de verdade comigo).

O grande vilão das dívidas do brasileiro é o cartão de crédito (neste livro você aprendeu que o cartão não é um vilão), e para ele a estratégia é bem simples, ou paga tudo ou não paga nada. Regra *ALL IN.*

Como assim, ou paga tudo ou não paga nada? A taxa de juros do rotativo do cartão de crédito te leva a viver uma vida pagando juros. Por isso, nunca pague a parcela mínima, talvez você nunca consiga terminar de pagar. Infelizmente temos que ser agressivos contra esse ataque às nossas finanças. No caso de dívidas no cartão, a melhor estratégia é parar de pagar e começar a reservar o valor das faturas para negociar lá na frente. (Eles vão te ligar, ligar muito...) e o máximo que vão fazer é te negativar, que por um lado seria muito bom (explico mais na frente).

Após ir reservando o valor das faturas (o que vai lhe exigir disciplina e comprometimento), você terá acumulado uma grana para oferecer de proposta às operadoras de cartão de crédito. Não estou recomendando não pagar o cartão, estou recomendando que pague o mínimo de juros possível e essa estratégia requer de você comprometimento e fidelidade a ela. As operadoras só negociam baixar os juros e multas com quem deixa de pagar, se ficar pagando o mínimo nunca terá juros e multa anistiados. Com um bom valor para quitar, você vai surpreender-se com o aceite das operadoras. Explico mais detalhado no meu e-book que você acabou de ganhar. É só acessar meus contatos no final do capítulo que te envio gratuitamente.

Vamos ao plano de quitação das dívidas?

1. Como classificar as dívidas: classificamos de acordo com o valor dos juros cobrados e as garantias dadas. Exemplo: Empréstimo com garantia real, ou de um bem. Essas garantias são fáceis de serem penhoradas e por isso devemos quitar primeiro, logo, elas são prioridade. É importante listar a quem você está devendo (banco, instituição de crédito, parente, agiota, vizinho...)

2. Mapear as dívidas: colocamos todas as dívidas numa planilha onde teremos o valor principal (aquele que efetivamente você deve), os juros aplicados, o valor das parcelas, a quantidade de parcelas e o valor final. Esse mapa vai te dar uma visão clara do tamanho da sua dívida, além de saber qual é o débito principal e o tamanho dos juros e multas. Ter a visão clara do que eliminar primeiro.

3. Na negociação das dívidas teremos alguns princípios: Nunca negocie o que não pode honrar (só irá criar uma bola de neve) e tenha sempre um valor para dar de entrada. Comece primeiro a negociar as dívidas que tenham bens ou aplicação financeira como garantia e aquelas com os juros maiores.

MONTANDO AS ESTRATÉGIAS

Aqui você precisa ter em mente algumas primícias. Estar ganhando mais, gastando menos e mantendo o foco no planejamento. Se você não tiver essa estrutura, saiba que você vai cobrir um santo e descobrir outro.

Os juros no Brasil são um dos maiores do mundo, portanto a melhor estratégia é ter sempre um capital para dar de entrada, assim diminuirá os juros e o tempo de pagamento. Não fique fazendo negociações que não vá cumprir apenas por ter medo de ficar negativado, pois ficar negativado é sua defesa, afinal, negativado não tem crédito e logo não contrai mais dívidas.

Outra coisa que precisa ter em mente é que ninguém negocia com quem está pagando em dia, você vai precisar ter inteligência emocional para assumir as dívidas e aguentar as ligações intermináveis e ameaças sem pé nem cabeça. Operadores de telemarketing treinados irão importunar seu juízo com ligações todos os dias, cabe a você ser sincero e não aceitar propostas que não conseguirá honrar, muita calma nessa hora. **Já expliquei que uma das primícias do pagamento das dívidas é não iniciar um plano de pagamentos que não conseguirá honrar, não esqueça disso.**

Agora você vai executar sua estratégia, pois classificou e tem clareza das suas dívidas, mapeou todas (a quem deve, quanto deve, qual os juros, e o prazo), vai reforçar sua inteligência emocional e ter tranquilidade para escolher por onde começar. O ideal é que estipule um percentual mensal de seus ganhos para destinar ao pagamento delas (Tipo: 15% dos meus ganhos, usarei para pagar dívidas). Com isso você consegue determinar o início e o fim das dívidas. Quando temos um plano estruturado de quitação conseguimos bom retorno com as instituições de crédito. Inclusive o retorno do crédito mediante o avançar do pagamento das parcelas.

A dica é: se for pegar algum empréstimo para quitar uma dívida, tenha em mente que os juros desse empréstimo não podem ser maiores que o anterior, pois voltará em breve ao ponto inicial. Tente pegar empréstimo sem juros, com amigos e familiares.

E definitivamente, não compre o que não precisa com o dinheiro que não tem, para mostrar a quem você não gosta quem você não é. Agora é mão na massa, foco e determinação na estratégia.

A dica de ouro é: busque uma renda extra para ajudar na quitação das dívidas.

Depois de trilhar essa jornada e vencer as dívidas, anote todos os aprendizados importantes para nunca mais cometer os mesmos erros. Desejo boa sorte, foco e disciplina. Estarei à disposição caso necessite de mais informações e estratégias personalizadas para sair das dívidas.

Sucesso na jornada!!!

Valter Vieira

Master Coach, analista de perfil comportamental, esposo de Luciana e pai da Bella Juh.

Empresário de sucesso com mais de 19 anos de atuação em alta performance. Apaixonado pelo desenvolvimento humano, acredita que todos podemos ter uma vida plena e abundante. Criador do Mentoria Mentalidade Financeira, onde revela os segredos que fizeram ele deixar de ser um endividado sem crédito, para tornar-se um investidor de sucesso.

(73) 99937-4147

@valtervieiracoach

@valtervieira

www.valtervieiracoach.com

"Tudo é energia, e isso é tudo que existe. Combine a frequência com a realidade que você deseja e você vai experimentar essa realidade. Isso não é filosofia, isso é ciência."

Raquel Lemos

Capítulo 13

Mentalize a sua prosperidade financeira

Como seria sua vida se você fosse capaz de manter a sua vibração dentro de um fluxo de prosperidade sem limitações?

Se você sente que, por mais que trabalhe e se empenhe para fazer dinheiro, ele não se multiplica nas suas mãos, saiba que você foi inserido em um cenário ao qual a sua mente foi programada para ter repulsa do dinheiro. Porém isso pode ser mudado, só depende de você.

Na minha jornada eu descobri que uma mente programada e condicionada se torna rígida como um concreto. O drive do medo e da incapacidade foi implantado nas nossas mentes desde a infância. Nada de novo entra até que se mude o programa e isso é algo desafiador porque exige muita coragem e determinação. Mexe com algo muito profundo, nossas crenças, valores e tudo aquilo que pensamos ser. Mudança significa dor, porque é necessário desconstruir verdades e começar tudo de novo. Esse novo exige resiliência e responsabilidades. Resumindo, a verdade dói, porém liberta, e a liberdade está diretamente relacionada com a responsabilidade, um verdadeiro paradoxo.

No meu processo de autoconhecimento aprendi a identificar esses drives, libertei a minha mente da escassez e a programei para receber prosperidade, a partir disso tudo na minha vida mudou.

De 4 empresas quebradas, uma dívida de 800 mil reais, depressão, síndrome do pânico e fibromialgia, me tornei uma treinadora comportamental e escritora. Ministro cursos, mentorias e a imersão presencial do programa Código Infinito, que liberta a mente das pessoas da alienação. Nessa imersão é feito um trabalho muito profundo onde você desbloqueia, ressignifica e transmuta crenças, descobre a realidade dos átomos e como ativar a energia do dinheiro. Além de aprender a manipular a matéria e criar seus desejos com dia e hora marcada, criando um canal direto com o Criador e com o fluxo do Universo, você experimenta a prosperidade em todas as áreas da vida, através deste método único criado por mim.

A forma que você percebe o mundo cria a sua realidade. Existem duas formas de perceber o mundo: com a mentalidade próspera ou escassa.

A mente escassa é vítima, está impregnada de incapacidades, resistente às mudanças, vibra na falta de valor e de amor próprio, reclama, foge da realidade e deposita em Deus as suas próprias responsabilidades. "Ah, se Deus quiser!" O ego está no controle e cria a sua realidade através dos miasmas de uma mentalidade infectada de negatividade e, claro, os resultados são devastadores.

Quando decidi deixar de ser vítima, entendi que ter mentalidade próspera é trazer para a consciência que se uma pessoa é capaz de fazer eu também sou, se ninguém ainda fez, eu vou lá e faço. Essa mentalidade trouxe resultados extraordinários para mim.

Você é 100% responsável por manifestar a energia do dinheiro na sua vida. Sim, o dinheiro é energia neutra condensada na matéria. A forma que você observa o dinheiro emite uma onda vibracional que opera e dá substância para que a energia do dinheiro seja abundante na sua realidade ou não. As pessoas experimentam situações indesejáveis por não analisar suas crenças. Assim como aconteceu comigo, não foram as empresas que quebraram, foi a mentalidade que eu tinha sobre dinheiro.

É na sua mente que estão todos os acessos para a riqueza e se você não ressignificar, transmutar suas crenças, de nada adiantará seu querer. Então pare um pouco e observe. O quanto você se acha merecedor de ter uma vida próspera financeiramente? Você acha que pode produzir dinheiro o suficiente para comprar um jato? Uma bolsa ou terno de 30 mil reais? Ter um carro de 2 milhões? Isso te incomoda? Vem alguma crença aí? Aqui está a questão de tudo: o merecimento e as possibilidades que você pode enxergar sobre você mesmo.

Existe uma conexão profunda e direta da consciência com a criação da realidade.

O Criador já fez tudo e está disponível para você. Existem infinitas versões suas vivendo neste momento, infinitas possibilidades, o que você precisa é acessar a versão compatível com o que você deseja experimentar. O Criador lhe deu o direito de escolher viver o que você quiser. Ele está em ti, age através de ti, portanto você não tem limitador. A única pessoa que te limita é você mesmo. Você só precisa mentalizar o resultado e eu vou te explicar como fazer isso, mas antes vamos entender algo.

O físico Fred Alan Wolf, prova em seus experimentos que a realidade está acontecendo em função da consciência humana, e a forma como você observa a realidade interfere na própria realidade. Se você tem uma crença sobre algo, a realidade irá apoiar e se comportar conforme a sua observação.

Na física quântica, existe um conceito conhecido como "emaranhamento quântico". Onde revela que tudo está interligado e que somos nós que trazemos para o nosso campo atrator as pessoas, fatos, situações, coisas e experiências que vamos vivenciar. Aprende-se também que duas forças opostas quando se encontram, elas se colidem e uma anula outra. Portanto, não adianta você querer ser milionário se não acredita nisso.

A razão pela qual você ainda talvez não tenha experimentado a prosperidade financeira, está no conteúdo interno que você carrega, o que se encontra no seu inconsciente que vibra dia e noite sem cessar. Essa frequência é que está te segurando em um padrão de energia que não combina com o padrão do seu desejo.

Por exemplo: se você tem crenças do tipo, "rico não vai para o céu", "dinheiro é sujo", ou "meus pais sempre brigaram por causa do dinheiro, então eu não quero dinheiro na minha vida porque dinheiro traz discórdias." Percebe que é algo muito profundo em você que pode estar travando a prosperidade financeira? Se você deseja ter prosperidade financeira, mas sua vibração não está sendo compatível, e se não acreditar que já é real, você não será próspero. Essa é a lei.

É a sua mente inconsciente que se comunica com o Criador e ela é atemporal, para ela não existe passado e futuro, tudo acontece no AGORA. Para ela toda imagem simplesmente é. E aqui está a chave mestra para você materializar a prosperidade financeira.

APRENDA A VISUALIZAR SEUS SONHOS

Eu me visualizo já desfrutando aquilo que quero. Exemplo: sempre sonhei morar em uma casa gigantesca, porém morava em uma casa com um quarto minúsculo que cabia apenas a cama de casal. Como eu consegui mudar isso?

1 – Toda noite e ao acordar, ainda deitada, com os olhos fechados, eu respirava fundo por 3 vezes.

2 - Me imaginava acordando, abrindo as persianas com o controle remoto e sentia o sol invadindo o meu quarto, levantava, abria a porta de correr de vidro e ia para a sacada apreciar a paisagem, escutava os pássaros e a brisa do amanhecer acariciando o meu rosto. Depois caminhava até o

meu banheiro colocava a hidro para encher, entrava e quando eu sentia a água da banheira morna na minha pele eu abria os olhos.

3 - Então no meu quarto pequeno, me levantava e começava a passar as mãos na parede e dizia; como sou grata por ter você, por você me acolher esse tempo todo debaixo do seu teto. Aqui eu vivi por muito tempo e fui feliz, porém agora quero que você entenda que outras pessoas virão morar aqui e vão te amar muito, elas sonham com você. Estou me despedindo, pois estou indo para uma outra casa, mas nunca irei te esquecer, você mora no meu coração.

Fiz isso por 3 meses, até que um belo dia ao ir no dentista, comentei com ele que estava procurando uma casa dentro de um condomínio, mas não conseguia encontrar. Na mesma hora, ele me passou um número de uma amiga corretora e eu a contatei. Ela disse que uma casa acabara de entrar e queria me mostrar. Ao chegar lá, eu quase desmaiei. Era a casa a qual eu imaginava todos os dias. O quarto que eu durmo hoje é quase do tamanho do apartamento que morei em São Paulo. E a casa não tem apenas uma, mas 6 suítes lindas e grandes. Essa é apenas 1 materialização de tantas outras que aconteceram na minha vida. Eu tinha uma dívida de 800 mil reais e hoje moro em uma casa de 750m^2. E como eu consegui isso em tão pouco tempo? Ah, isso é uma outra história que contarei no meu próximo livro.

Meu desejo e vibração é que você tenha um salto de consciência com todo conteúdo deste livro. E caso você queira obter mais informações sobre este conteúdo, é só me contactar através do QR Code:

Raquel Lemos

www.raquellemosoficial.com.br

Raquel Lemos

Imagem e semelhança do Criador, humanista, treinadora comportamental formada pelo Instituto IFT, reprogramadora mental e de DNA, master coach, hipnóloga clássica e Eriksoniana, especialista em Inteligência Emocional, *technician* em Programação Neuro Linguística – PNL, consteladora sistêmica, palestrante e ativista quântica.

Empresária, empreendedora, mãe, avó, esposa e escritora. Buscou conhecimento aprofundado com os mais renomados mestres do Brasil e do exterior, trazendo em sua bagagem um arsenal de experiências e conhecimentos valiosos. Criadora do Métodos de desenvolvimento da consciência humana e uma nova percepção da realidade que transformaram sua vida em todas as áreas.

"Eu sou meu próprio resultado!"

@raquellemos_oficial

Meta: @raquellemos_oficial

@rhaquellemos_oficial 8

raquellemosoficial.com.br

"Conhecimento é dinheiro. E o dinheiro serve para nos tornar livres e não reféns. É ele que deve SERVIR ao nosso Propósito, e não o contrário"

Flávia RicaMente

Capítulo 14

Como se tornar um Investidor de Propósito

Em minhas breves linhas vou apresentar muito do que fiz na minha vida por acaso, e porquê recomendo e ensino que procurem fazer tudo na vida de vocês com um PROPÓSITO, inclusive investir. Vou também te mostrar o que NÃO é investir com propósito e os riscos que isso traz na sua vida financeira. Para te ajudar, trago um pouco da filosofia sobre investir que aprendi com os maiores investidores multimilionários do mundo, e o método simples que criei de produtos e caminhos para você se proteger de armadilhas e vieses tendenciosos do sistema. Então se você é um investidor iniciante que quer focar no seu trabalho, família, seu próprio estilo de vida, ter paz com seu dinheiro, bons ganhos nos investimentos, então SIM! Ser um Investidor de Propósito é para você!

Nascida e criada em Belo Horizonte, fui mãe aos 18 anos. Não de propósito. Pelo menos não conscientemente, pois hoje, já entendo que criamos tudo por nossas escolhas mesmo que inconscientes e amparado pela intenção divina. E desde o primeiro segundo recebi essa vida como um presente. Uma dádiva, afinal era VIDA!

Aos 20 anos, entrei no primeiro banco. Também "não de propósito", mas eu tinha uma criança para criar "sozinha" e tinha ouvido falar na faculdade que os "bancos pagavam bem, davam benefícios, carreira sólida", etc. Após 25 anos nesse mesmo nicho, até hoje me perguntam: "Flávia, como e porque você tomou essa decisão de 'mulher e tão jovem', escolher o mercado financeiro"?

E a resposta que sempre vem, é: -Eu não escolhi esse mercado, mas eu realmente necessitava do "Financeiro Mercado", o que significa DINHEIRO e um futuro digno para a filhota que crescia praticamente junto comigo.

Foi uma bela carreira como executiva de duas grandes instituições bancárias (Unibanco e Citibank) e outros *business* no universo financeiro nacional e internacional. Atuo hoje, de forma bem livre, como Assessora de investimentos na maior corretora do país, a XP Investimentos.

Com alto grau de independência (uma marca nossa), minha filha Luany, fez um intercâmbio de 1 ano na Bélgica, depois disso seguiu seus caminhos (o propósito). Logo após se mudou para o Rio de Janeiro, que era um sonho dela, e entrou para a faculdade. Essa parte é muito importante, pois desde a saída de casa da jovem filha cheia de propósito, se abriu uma lacuna na minha vida. "E agora? O que fiz até aqui? O que construí? Patrimônio, carreira, renda passiva, ok. Mas qual é o propósito?"

Como já devem ter percebido, foram muitas escolhas por acaso, no piloto automático da vida. Indo onde todo mundo vai, fazendo o que todo mundo achava certo fazer. Felizmente, posso assim dizer, esse vazio trouxe a conta cara que me abriu o portal da dor e da transformação. Me descobri com patrimônio, independência financeira, porém tão pobre, mas tão pobre, que só tinha dinheiro! Uma PobreMente. Uma "agradadora", com baixo merecimento, vícios, crenças de escassez, relações pessoais pobres, escolhas pobres e desalinhadas com meus valores. Isso sim, era um modo de vida PobreMente, não acham?

Busquei muito treinamento, imersão, autoconhecimento, livros e em 5 anos investi mais de 300 mil reais nos melhores processos e formações nacionais e internacionais. (Curiosidades sobre isso podem me consultar no @flaviaricamente). Depois disso, com muito propósito, reconstruí a Flávia RicaMente, Mentora de Saúde Financeira, e Assessora de Investimentos. Encontrei a minha causa!

Mas Flávia, que diferença isso faz? Investir não é só guardar dinheiro, poupar uma grana, e escolher alguns produtos, fundos, Renda Fixa, e quem sabe umas ações? Olha, foi assim que eu mesma fiz por muitos anos durante a fase do "deixa a vida me levar" da PobreMente. Seguindo "tendências" e aceitando dicas de profissionais que não sabiam nada do meu modelo de vida, nem se interessavam por minha saúde financeira e objetivos. E o pior! Muitas vezes, eles nem sequer tinham uma vida financeira saudável, renda passiva e crescimento patrimonial exemplar para me instruir. Entendem a seriedade disso?

Então, NÃO, meus caros! Investir com Propósito significa assumir as rédeas da SUA vida! Colocar o seu dinheiro, fruto do seu esforço, do seu tempo, para servir a você, à sua família. Afinal, esse tempo que você abdicou de outros prazeres, família e lazer para fazer grana, esse tempo é sua vida! Você não pode colocar esse fruto chamado "dinheiro", que você dedica e troca tantas outras prioridades para tê-lo, em uma simples dica ou jogá-lo por acaso, concorda?

Os investimentos (e isso inclui os produtos), rendimentos, classes de risco, prazo, diversificação, devem servir para atender ao seu modelo de vida, portanto devem ser escolhas com objetivo e propósito individual.

Porque não Investir através de dicas, ou por acaso? Porque o tipo de produto para a pessoa ou até o momento errado, pode se transformar numa escolha trágica (e eu já vi muito isso de perto). Porque se você não sabe o motivo de ter comprado, não vai saber quando e porque vender. É importante entender que não se deve atropelar etapas, como ajustar o orçamento para a grana sobrar sempre e ter uma reserva de emergência. Quem aprende não depende!

Flávia, mas eu não entendo tanto de produtos, como vou escolher e me proteger de más escolhas? Como prometi, eu trouxe o manual do Investidor de Propósito, dividido em fases.

FASE 1:

1.1 – Investir em conhecimento. Ninguém vai cuidar melhor do seu próprio dinheiro do que você (com conhecimento). Não precisa se tornar especialista. Comece, e ao avançar sua experiência cresce junto.

1.2 – Faça perguntas certas, que cito abaixo. Perguntas para você e para o profissional que esteja lhe auxiliando.

- Qual meu objetivo (propósito), com o recurso que vou investir? (viagem, aquisição de bem, reforma, estudo, aposentadoria, renda passiva, transição de carreira, reserva de emergência?)
- Meu objetivo tem prazo? Se tem prazo, o prazo e o produto escolhido devem estar alinhados.
- Quais as características deste produto? Imposto, rentabilidade, liquidez. Posso sacar a qualquer momento, ou tem carência?
- Quais os riscos deste produto? Vai sempre crescer, ou tem risco de volatilidade negativa?
- Eu tolero esse risco? Se cair 20, ou 50%, como vou me sentir? Vai afetar minha paz mental, minha qualidade de vida?

Gente, com esse manual de perguntas, você se protege de ciladas. A ideia não é competir ou desmerecer ninguém. É você se proteger, cuidar do seu futuro, focando na única coisa que o Investidor tem controle, que é a clareza das informações e escolhas assertivas.

FASE 2:

Falando de produtos, o mercado oferece uma gama de milhares de opções confusas, com nomes dificeis, aí o investidor fica perdido se sentindo incapaz de escolher. A grande maioria dos produtos são bem dispensáveis. Vou lhes apresentar o que todo investidor de propósito poderia começar a fazer, em uma seleção de bons investimentos.

2.1 - Investidor de Propósito iniciante:

- Na Renda Fixa – Tesouro Selic –> Reserva de Emergência.

Tesouro IPCA + --> Planos de longo prazo (aposentadoria, independência financeira)

2.2 - Investidor de Propósito avançado (com conhecimento):

- Renda Fixa IPCA+ (planos de longo prazo e proteção da inflação de preferência quando encontrar IPCA + acima de 5%)
- Renda Fixa pré-fixada (nos momentos de tendência da Selic começar a cair)
- Renda Variável: Ações de boas empresas que o Investidor conheça e estude seus números. Lucro consistente e negócios de demanda perene *(Ex: Energia, saneamento, saúde, Bancos).*
- FIIs – Fundos Imobiliários: Excelente modalidade para formar renda passiva. A partir de $100,00 o Investidor já começa a ter ganhos de aluguéis de empreendimentos gigantescos espalhados pelo Brasil. *(Importante estudar a quantidade de imóveis, regiões, inquilinos e taxa de vacância)*

Viu como pode ser simples? Você tem agora um cardápio **ricamente** selecionado para sua Jornada de Investidor de Propósito. Tenho certeza que depois de começar a fazer as perguntas certas e identificar o PROPÓSITO em tudo que você faz, seus resultados vão crescer exponencialmente, assim como a sua qualidade de vida e da sua família.

Lembre-se! Conhecimento é Dinheiro, portanto conte comigo! Nos vemos nessa jornada da vida, e será um prazer te encontrar numa próxima turma do "Saúde nas Finanças - Investidor de Propósito".

Flávia RicaMente

É uma mulher conectada à sua Fonte do Ser, com uma natureza ímpar em se expressar livremente e inspirar; é mãe da Luany. Disruptiva no mercado financeiro há mais de 20 anos. Investidora de Propósito. Independente FinanceiraMente desde os 33 anos.

Tem como bandeira forte viver hábitos ricos em sua rotina diária e a busca massiva por conhecimento. "Não negocio com as minhas prioridades e hábitos ricos."

Possui formação em MBA de Negócios Internacionais pela FGV - Fundação Getúlio Vargas, é coach, Practitioner PNL e Assessora de Investimentos, certificada CVM (Comissão de Valores Mobiliários). Atualmente cuida de uma carteira de diversos investidores milionários, como também treina alunos do zero, para começarem a investir.

Sua causa é a conscientização financeira através da mudança de mentalidade e do ensino de formas simples de investir para que qualquer pessoa que ganhe dinheiro seja capaz de cuidar e multiplicar, se tornando livre e um Investidor de Propósito. Bora prosperar RicaMente?

@flaviaricamente

(31) 99393-9038

flaviaricamente

"A influência das conexões ocorre
de maneira involuntária, então se
conectar com as pessoas certas, estar
nos ambientes certos e adquirir os
conhecimentos necessários se mostra
como a melhor maneira de crescer
financeiramente."

Felipe Sorg

Capítulo 15

Ecossistema financeiro: o meio (ambiente) importa

Esse conceito é popular, mas vamos a uma história...

Havia um garoto nascido e criado no interior, numa pequena cidade do estado de Minas Gerais. Ele cresceu em um pequeno pedaço de terra de sua família, em um sítio que fora do avô e após sua morte foi dividido entre os filhos, dos quais só o pai do garoto permaneceu com a terra. Esta era muito próxima à cidade e através do cultivo e venda de verduras e hortaliças na feira da cidade, seu pai trazia sustento para o lar, enquanto a sua mãe, já cansada das atividades rurais, foi trabalhar na prefeitura.

A família desejava que os filhos tivessem "crescimento" na vida, e para eles, esse crescimento se daria através dos estudos e da busca de uma carreira profissional fora daquela cidade. Ter os filhos formados e tudo mais que isso representava era o que a família desejava. Assim, muito incentivava que o garoto e suas duas irmãs mais velhas se dedicassem de maneira cuidadosa e diligente à escola e aos estudos.

Já na adolescência, após a segunda irmã terminar o ensino médio, os três irmãos decidiram ir para uma cidade maior. Após algumas considerações, decidiram ir para São Paulo, onde também tinha um tio, que poderia apoiá-los. Assim, em busca de novas oportunidades e possibilidades, eles partiram. Foi um tempo de desconforto pois a família não possuía tantos recursos financeiros. Para poder ficar os três, pagando aluguel e mantendo a casa, precisaram procurar trabalho. Os amigos do garoto na cidade natal, o classificaram até como "louco", por renunciar à vida tranquila e ir para um desafio desse tamanho.

A mudança de ambiente trouxe mudanças na dinâmica familiar, tiveram que trabalhar, a princípio em trabalho simples e até braçal, mas, com o novo ambiente e o estabelecimento de novas amizades no cursinho e faculdade, eles ampliaram os horizontes. O agora jovem, estudou, conheceu pessoas, empresas, viu novas ideias e teve oportunidade de fazer um intercâmbio. Tudo isso enriqueceu seus conhecimentos; ele se formou e passou a participar de novos círculos sociais, conseguiu trabalho em uma grande multinacional e teve rápida ascensão profissional na sua área de formação.

Você já deve estar se perguntando: E o que essa história tem a ver com a temática? É só uma história de alguém que cresceu na vida. Será?

Falaremos aqui sobre ecossistema, conexões e redes sociais, não aquelas em que você segue seus amigos e conhecidos, curte gatinho fofo e expõe suas opiniões, falo de redes invisíveis, onde cada pessoa está conectada à outra.

MAS A QUE SE REFERE ECOSSISTEMA?

"Ecossistema é um conjunto de comunidades que vivem em um determinado local e interagem entre si e com o meio ambiente, constituindo um sistema estável, equilibrado e autossuficiente."

Neste sentido, o ecossistema busca equilíbrio, e os indivíduos nele presentes se influenciam entre si para que o equilíbrio ocorra, e ele ocorre. Podemos olhar à nossa volta, nossos resultados e comportamentos representam uma média dos resultados e comportamentos das pessoas com quem mais convivemos, sejam amigos, família, colegas de trabalho, etc. Olhe atentamente, você irá perceber isso com grande clareza.

Sempre ouvimos uma história da pessoa que mudou de cidade, de emprego, de faculdade, de igreja, mudou de amigos e "de repente" viu a vida mudar, mudar muito e rápido, sem que ela percebesse. Quando falamos de mudança, ela pode ser positiva, e é aqui que queremos estar, mas, dependendo dos ambientes, pessoas e escolhas realizadas por influência desses, também pode ser negativa, e é aqui que não queremos estar.

A FRASE...

Aquela antiga frase "diga-me com quem andas e te direi quem és" se autoexplica, inclusive estatisticamente. O ambiente e as pessoas à nossa volta têm influência direta e indireta sobre todos os aspectos da nossa vida: saúde, bem-estar, humor, emoções, resultados, decisões, finanças. Por exemplo, alguém feliz aumenta em 15% as chances de um amigo próximo também ficar feliz. Esse mesmo alguém aumenta em 10% a chance de um amigo de um amigo ficar feliz. Agora, a notícia que pode de fato impactar, uma conexão com uma terceira pessoa, um amigo de um amigo da pessoa feliz, tem 6% de chance de se tornar mais feliz.

Outro número interessante fala sobre a saúde. Um indivíduo obeso influencia outras pessoas, gerando entre 20% e 24% de possibilidade que um amigo próximo também se torne obeso. Esses números podem chocar, e nos fazem pensar mais sobre nossas conexões e a qualidade delas.

Esses números vêm da pesquisa sobre Redes, especificamente redes sociais, onde os "nós" dessas redes são os indivíduos. Essa pesquisa foi realizada por James Fowler e Nicholas Christakis, professores das universidades da Califórnia e Harvard, nos Estados Unidos.

Após a realização da pesquisa eles escreveram o livro: "O poder das Conexões", um marco sobre redes de influência, contatos, *networking* e os impactos para a vida. Fica aqui uma recomendação de leitura!

O MEIO CONTAGIA

Esse fenômeno também pode ser chamado de contágio social. Um processo em que comportamentos, sentimentos, hábitos e costumes são transferidos de pessoa para pessoa. Saber isso muda o jogo, pois se você está aqui, provavelmente está buscando por informações e conhecimentos para melhorar sua performance na vida, e aqui neste livro, mais especificamente, sua performance na vida financeira.

ECOSSISTEMA FINANCEIRO

Quando falamos sobre o poder das conexões, sobre contágio social e sobre equilíbrio num ecossistema, fica clara a necessidade de escolher com quem se conectar, sabendo que o ambiente e as pessoas fazem grande diferença, e podem proporcionar experiências e compartilhamentos de conhecimentos de modo a direcionar a vida. Para alavancar sua vida financeira é importante estar entre pessoas com objetivos semelhantes ou maiores que os seus. A influência das conexões ocorre de maneira involuntária, então se conectar com as pessoas certas, estar nos ambientes certos e adquirir os conhecimentos necessários se mostra como a melhor maneira de crescer financeiramente. Fica nítido o conceito de equilíbrio do ecossistema e da média dos indivíduos em determinado contágio social.

Se seus objetivos são de crescimento, ao absorver a média do ambiente, você deve decidir e buscar contatos que estão além do seu estado atual. Sabendo disso, ainda será necessário evitar ambientes e pessoas com crenças e comportamentos contrários aos seus objetivos.

Escolher ambientes e contatos não significa que você deve cortar pessoas, familiares, amigos, mas que você deve gerenciar esses relacionamentos. Ajustando sua comunicação com as pessoas, quando alguém se aproximar com sentimentos, expressões negativas, e atitudes ruins, retribua com amor, e atitudes positivas, principalmente quando se trata de familiares mais próximos. Se esta pessoa negativa for um amigo, pode ser o momento de repensar essa relação.

Escolha quem estará perto de você e a frequência dos contatos, selecionando, assim, por quem você se permite influenciar. Já que somos a média das pessoas com as quais mais convivemos, escolha com sabedoria quem estará na sua mesa, na sua casa, no seu convívio diário, com quem você irá discutir seus planos e projetos, com quem você compartilhará seus sonhos.

Nós também podemos ser a influência negativa, e aqui devemos observar e mudar. Sim é possível. Você pode mudar pequenas expressões, evitar falas negativas, observar sua própria postura frente às situações, sua expressão facial, até o modo de respirar, tudo isso vai fazer grande diferença na sua vida.

Busque uma mentalidade financeira de abundância, e se conecte com pessoas com esta mesma mentalidade. Mais do que dinheiro disponível, as pessoas verdadeiramente ricas se posicionam para derramar na vida dos que necessitam, ajudando o próximo. Abundância financeira é ter essa clareza: crescer para contribuir com quem precisa. Este é um processo que se torna cíclico, ao contribuir você obtém mais crescimento e ajuda mais vidas.

EXPERIMENTE

Agora que já sabemos mais sobre a importância e influência das conexões nas nossas vidas, te convido a ser intencional nas suas relações, pois os ambientes e pessoas certas facilitam e nos conduzem a caminhos e conhecimentos que expandem nosso entendimento, proporcionando novas diretrizes para visão de futuro, com resultados cada vez mais extraordinários.

Felipe Sorg

Filho de Denise e João, irmão de Arthur. Natural de São Paulo capital, filho amado do Pai, próspero nos projetos e na vida, gestor, economista, Coach Integral Sistêmico formado pela Febracis, 9 anos de experiência no mercado financeiro. Aprendendo a viver os processos necessários da vida, sabendo que toda transformação exige um grau de desconforto. Trabalha para melhorar a vida das pessoas com soluções financeiras e também por meio da inteligência emocional, com atividades e ferramentas focadas em performance.

"Vim trazer um pouco do que tenho vivido nesse tema que me fala alto ao coração."

@sorgs

Felipe Sorg

felipesorg@gmail.com

"O homem cresce pelo que gasta e não pelo que ganha."

Johnny Simões

Capítulo 16

Reserva de segurança X Reserva de oportunidade

Vou compartilhar com vocês como eu consegui uma vida financeira estável e próspera adotando a estratégia de fazer reserva de segurança, e mostrar oportunidades com base em minha vida pessoal.

Muitas pessoas empreendem e fazem dinheiro, outras têm seus salários como colaboradores. E está tudo bem, pois é possível, sim, crescer e ter paz financeira em ambos os casos. O problema é que algumas pessoas não sabem como lidar com o dinheiro que cai em suas mãos e vivem apertadas, no limite, devendo, e às vezes até perdem o crédito e sujam o nome. Às vezes pode se tornar tão grave que elas têm prejuízos imensuráveis.

O fato de não saber lidar com as finanças é responsável por um dos principais motivos de divórcio e por grande parte dos casos de ansiedade e depressão, levando a pessoa a sérios riscos de saúde. Também vale lembrar a baixa autoestima que isto causa, pois a vergonha de ser cobrado, a frustração de ver um bem ser confiscado pela financiadora, e o "querer algo e não poder" são sentimentos terríveis. Em meio a todo esse caos elas fazem dívidas para saldar outras dívidas entrando em um ciclo de escassez sem fim.

A causa principal de levar uma vida financeira disfuncional, acredito eu, que seja a pessoa não aceitar o seu padrão de vida e viver um padrão que não condiz com sua realidade financeira. Observe, você pode estar querendo viver uma vida ilusória e talvez queira ser aceito pelo que tem e não pelo que é, pois *ser* e *ter* são coisas diferentes.

Acredite, seus amigos de verdade te amarão pelo que você é, e não pelo que você faz ou tem. Às vezes, você pode estar vivendo um degrau que ainda não é seu (ainda!). A boa notícia é que para escalar os degraus da vida e realizar seus maiores sonhos com segurança, paz e alegria, basta você fortalecer sua identidade e ter sabedoria.

Já reparou que a maioria das coisas que você compra perde a graça em poucos dias? Talvez você esteja comprando algo que não quer, não pode e não gosta, somente para atrair a atenção de quem não se importa com você. Com isso, convido vocês a fazer um exercício respondendo estas perguntas em seu caderno:

- Quem eu sou de verdade?
- Quem são as pessoas a quem quero mostrar minhas conquistas?
- Posso comprar? Devo comprar? Quero comprar?
- Antes de tomar uma decisão se pergunte: o que eu ganho comprando isto?
- O que eu perco comprando isto?

A SABEDORIA DO BÊBADO

Eu era criança e na porta da minha casa tinha feira livre. Meu pai era bombeiro e minha mãe do lar, ou seja, nossa vida era apertada e eu tinha muita vontade em ter coisas. Então eu ajudava as vizinhas a carregar sacolas de compras, organizava seus carrinhos, para algumas até levava as compras em suas casas e as guardava, assim ganhava alguns trocados. E era extraordinário ganhar meu próprio dinheiro e gastar no que eu queria.

Na minha rua tinha o Bar do Chico, lugar onde os maridos das minhas clientes, meu pai e avô frequentavam. Tinha um "tabuleiro de furada" que era um objeto com várias bolinhas com números, com um palito se furava um número e caia uma bolinha que determinava o prêmio. No teto do bar tinha uma linha, onde ficavam presos os prêmios que variavam de doces a brinquedos, com um selo identificando a cor da bolinha. A bolinha preta era o melhor prêmio e a branca não ganhava nada. Era ali que eu gastava todo o dinheiro do meu trabalho.

Seu Severino, o peixeiro da vila, costumava fazer a sua contabilidade no final da tarde, sentado num banquinho de madeira, na porta do bar enquanto tomava seu "aperitivo". Eu não sabia, mas ele me observava e sabia minha rotina, que era trabalhar na feira, ir na escola, correr para o bar e tentar a sorte no tabuleiro de furada.

Em uma daquelas tardes quando entrei correndo no bar, ele me segurou pelo braço dizendo com cara de bravo: "Ô moleque, escuta aqui." E eu com medo parei de frente a ele e ouvi: *"O homem cresce pelo que gasta e não pelo que ganha." E* disse ainda: "*Se você gastar tudo o que ganha vai ser mais pobre que o Maneta quando crescer*". Maneta era um morador de rua, mendigo, que aterrorizava a molecada. Eu tinha pavor dele, e mais, só de pensar em ser pior que o maneta entrei em choque.

As palavras do peixeiro bêbado entraram no meu coração como uma espada, naquele dia em diante comecei a guardar o meu dinheiro e administrar os meus desejos.

RESERVA DE OPORTUNIDADE

Costumávamos viajar nas férias para visitar os parentes. Sempre na praça, à noite, tinham vendedores ambulantes que eu raramente tinha acesso aos balões, pipocas, algodão doce, brinquedos, etc. Então, nas primeiras férias após a lição do Seu Severino, peguei na lata que guardava minhas economias metade do que tinha, para levar na viagem. Aquela quantia eu dividi pelo número de dias da viagem e descobri quanto poderia gastar por dia. O pensamento era: "Eu levo metade para gastar, desta metade divido pelo número de dias que vou estar viajando e a outra metade deixo na lata, pois na volta às aulas, minha mãe vai comprar outro *kichute* para eu usar". Até aí tudo bem, mas eu tinha visto um tênis chamado "All Star", que custava caro e só os meninos ricos tinham. Naquelas férias, eu comprei um estilingue, tomei sorvete todos os dias e não precisei pedir nada para minha mãe, foi um sentimento incrível de realização.

RESERVA DE SEGURANÇA

Acabaram as férias e eu voltei à rotina. Minha mãe me levou à loja de calçados para comprar o *kichute*. Peguei todo o dinheiro que havia deixado na lata antes das férias, e levei para inteirar com o dinheiro da minha mãe na intenção de comprar o All Star. O dinheiro não deu para o All Star, mas deu para um tênis Bamba, o que já era algo bem acima do *kichute*. O sentimento era do moleque mais poderoso do mundo, afinal estava livre do *kichute* e desfilava com um Bamba nos pés. Fiquei duro, liso e leso, porém realizado.

Fiz planos para que nas férias de Julho, eu viajasse de All Star. Planejei trabalhar mais na feira, não gastar nada na cantina da escola e enfim comprar meu sonhado tênis. Fiz as contas de quanto eu faturava na feira, e descobri que compraria o tênis no limite do tempo.

Eu era um menino travesso, gostava de subir em árvores e em baús de caminhões que ficavam no estacionamento perto de casa. O que eu não contava era que eu ficaria com o braço engessado 40 dias me impossibilitando de carregar as sacolas na feira e ficando sem ganhar nada, devido à essa travessura. Neste intervalo de tempo, um outro menino se "apossou" de minhas clientes na feira, ocasionando uma queda drástica no meu faturamento. O sentimento era de tristeza e incapacidade profunda. Ali eu conheci o que era uma **crise**.

O bamba já estava meio surrado do uso e o sonho do All Star distante. Sem dinheiro e sem clientes na feira, eu aprendi na prática, que o homem cresce pelo que gasta. Olhei para a lata vazia e para o Bamba no pé e pensei: "Se eu tivesse usado o kichute por mais seis meses eu teria minha reserva de dinheiro na lata e estaria seguro com isso, eu poderia comprar folhas de seda e fazer pipas para vender na feira". Reformulei então a minha maneira de lidar com o dinheiro separando em 3 partes, uma delas para o dia a dia, outra para uma futura crise e ainda outra para conquistar um sonho ou aproveitar uma oportunidade.

Aprendi a controlar meus desejos e não cair na tentação do prazer imediato, pois para atingir meu objetivo eu precisaria ganhar mais, sem mudar meu padrão de vida. Nessa época eu tinha por volta de 11 anos de idade. Quanto ao All Star, eu nunca calcei um, pois deixou de fazer sentido para mim, dando lugar a um sonho bem maior. Com 17 anos comprei minha primeira moto Honda CB400, seminova à vista.

No momento que escrevo este capítulo tenho 53 anos e com esses princípios conquistei meu primeiro milhão aos 39 anos de idade e hoje desfruto de uma vida confortável e segura. A galera do All Star, quando me encontra me pergunta como eu consegui, então respondo hoje com esta história contada aqui.

No decorrer da jornada, conheci a Deus e descobri que a sabedoria milenar da Bíblia explica a sabedoria do Seu Severino. "Seja fiel no pouco e no muito te colocarei", "De que vale o homem ganhar o mundo e perder a sua alma."

Finalizo este capítulo com uma frase que pode mudar a sua vida: **"O sol nasceu para todos, mas a sombra, só para os que plantaram a árvore."**

Tenha clareza sobre suas decisões fazendo o exercício proposto no início.

Deus te abençoe!

Johnny Simões

Nascido em 1968 em São Paulo, casado com Adriana, pai de Jennifer, Yuri e Johann. Empreendedor em diversos ramos. Técnico em mecânica de precisão pela escola Suíço Brasileira turma 1986. Sócio fundador da Brilhos Dog clínica vet desde 1998, onde conta com sede própria há 15 anos, centro cirúrgico de última geração, banho e tosa modelo.

Fabricante de trem de pouso escala para aeromodelos de competição. Coach e mentor financeiro fundamentado na inteligência emocional com princípios da espiritualidade bíblica. Bicampeão mundial (Top gun e Florida Jets) e brasileiro (warbirds) com trem de pouso do avião escala 1/5 do avião T27 Embraer. Piloto de motovelocidade certificado pela king Race, e Surfista Free Surf com experiência internacional.

"Ajudo você a ter vida em abundância com o recurso que tem."

@johnnysimoes_

brtjet@hotmail.com

(11) 99296-3039

"Se alguém fez você também poderá fazer. Mesmo que sua situação seja aparentemente pior, use as ferramentas que você tem, adquira novas ferramentas e construa a sua história de sucesso."

Lucas Silva

Capítulo 17

Métricas de enriquecimento

Quando eu trabalhava como diretor de franchising na empresa Monster Dog, eu tinha muita "estabilidade", salário alto, bônus, viagens pagas, cursos, férias e vários benefícios. Em paralelo a isso eu empreendia, era franqueado com duas lanchonetes e uma cafeteria. Se eu tivesse feito investimentos e poupasse, em poucos anos eu teria liberdade financeira. O grande problema é que eu não poupei e não investi. O meu salário e o lucro das minhas empresas eram mal gastos.

Os erros me distanciaram da liberdade financeira. No dia 01/01/2020, eu estava ostentando em uma viagem - porém com a conta bancária negativa - sem nenhuma reserva de dinheiro. Aquele quadro gerou em mim uma revolta imensa com a situação que eu havia buscado para mim mesmo, então eu decidi fazer tudo diferente dali em diante. A partir daquele momento eu decidi estudar sobre finanças pessoais, como controlar os recursos dos meus negócios, fazer mais dinheiro na empresa em que eu estava e gastar melhor.

Passei também a estudar milionários e bilionários, pois se eles conseguiram prosperar eu também conseguiria. Enquanto eu estudava, aplicava e tinha resultados de curto prazo, eu também ensinava a todos sobre o que estava absorvendo. A princípio, eu era totalmente contra investir no mercado financeiro e tinha uma crença de que só era possível enriquecer por meio do empreendedorismo. Essa crença não é 100% real, pois um empreendedor que não se preocupa com seu futuro como pessoa física será um eterno escravo do seu negócio.

Uma regra de ouro que eu aprendi com o investidor e filantropo americano Warren Buffett foi: **"Se você não encontrar um jeito de ganhar dinheiro enquanto dorme, você vai trabalhar até morrer."**

O meu maior erro é que eu não tinha uma métrica clara para enriquecer e as minhas maiores falhas estavam em:

- Não gerir minhas finanças pessoais;
- Misturar pessoa física com pessoa jurídica;
- Ausência de meta de reserva financeira, reserva de emergência ou caixa para oportunidades;
- Investimentos sem diversificação, muita concentração de recursos em poucos ativos;

- Gasto inconsciente do dinheiro;
- Relevar pagamento de juros, ou seja, não dar o valor devido ao dinheiro;
- Ter mais passivos (carros, dívidas, empresas que dão prejuízo) do que ativos (ações, imóveis de aluguel, empresas que dão lucro);
- Ficar aquém da minha capacidade de ganhar dinheiro (zona de conforto financeira).

Agora faça uma análise. Quais dos itens acima você vem falhando? Pegue uma folha de papel e uma caneta e escreva sobre os itens que você identificou, e quais serão as ações que você tomará para alterar seu estado atual.

É possível ficar rico se você criar uma métrica. Na teoria é fácil, difícil mesmo é executar com disciplina. E para reforçar eu vou citar mais uma regra de ouro: *O seu EU do presente é inimigo do seu EU do futuro, caso você satisfaça somente suas vontades do presente. O seu EU do presente é o maior aliado do seu EU do futuro, caso você renuncie a alguns confortos do presente.*

As métricas para enriquecimentos surgem com os 7 princípios abaixo atendidos:

1- ESTUDE SOBRE UMA ÁREA E SE TORNE PERITO NELA: Se aprofunde na área que você deseja crescer. O conhecimento hoje está disseminado de várias formas através de livros, vídeos no Youtube, Instagram e cursos online. Para se tornar perito, você precisa aprender o máximo daquela determinada área pelo máximo de tempo de dedicação. Busque quais são os melhores profissionais que estão presentes nas redes sociais e que possuem resultados reais, os modele lendo os livros, fazendo os cursos, acompanhando nas redes sociais, participando das palestras, ouvindo seus podcasts e até fazendo mentorias. Busque nas redes sociais pelo menos 3 profissionais que você irá modelar. Veja quais são os livros escritos por eles, compre e leia. Caso alguma palestra, curso ou mentoria esteja disponível e você possa adquirir, assim o faça.

2- FAÇA DINHEIRO: O principal item para sobrevivência básica de qualquer pessoa é saber fazer dinheiro. Pegue uma folha e responda abaixo a essas perguntas:

- De 0 a 10 qual a sua capacidade de fazer mais dinheiro?
- Como você poderia produzir mais e faturar mais?
- Caso você seja CLT, é possível ganhar mais na empresa em que você está? E o que você poderá fazer para que isso ocorra o quanto antes?

- Que renda extra você conseguiria ativar nos próximos 7 dias?

Você precisará ter uma meta de aumento de rendimento. Que renda você conseguiria ter daqui a 6 meses, 1 e 2 anos? Vou disponibilizar para você, que não tem ideia de como fazer dinheiro e está na estaca zero, um passo a passo que eu criei para fazer dinheiro rápido. Basta escanear o QR Code.

3- GERENCIE SUAS FINANÇAS PESSOAIS: Quem dá valor ao dinheiro e prospera financeiramente, controla suas finanças. Lance constantemente na planilha os seus gastos e depois crie um orçamento (teto de gastos) para cada área. Vou disponibilizar abaixo um modelo para você lançar e visualizar mais facilmente todos seus gastos.

4- SAIBA GASTAR O SEU DINHEIRO: Ajuste seus gastos diariamente. Faça compras e investimentos com o mínimo de emoção possível, verifique se você realmente precisa do que está comprando, se o valor da aquisição é válido. Aloque o seu dinheiro de maneira prudente. Essa bronca eu dou em mim diariamente, não é só aqui para você.

Enquanto você não estiver financeiramente confortável, não caia nessa do cérebro dizendo "Eu mereço". Sim, você merece, merece tanto que você terá muito mais do que deseja, desde que você renuncie a gastos desnecessários para o curto prazo.

5- MULTIPLIQUE SEU DINHEIRO: Se você conseguir ser um perito fazendo dinheiro, gerindo suas finanças e sabendo gastar, você terá uma vida básica. O próximo nível para enriquecer está em colocar o dinheiro para trabalhar por você.

Dedique no mínimo 20% da sua renda para investir mensalmente. Esse percentual é o mínimo, se você puder e quiser aumentar o percentual de investimentos, estará também aumentando suas possibilidades de atingir paz financeira. Esses investimentos não são aplicações arriscadas ou centralizadas - arriscadas como pirâmides e milagres de dinheiro fácil, centralizadas de forma que você tenha poucas aplicações. Tenha seu dinheiro diversificado pelo menos nos itens abaixo:

- Imóveis ou fundos imobiliários;
- Ações ou na sua empresa;
- Criptomoedas ou ações internacionais;
- Renda fixa (CDB, tesouro direto, etc)

6- CRIE RENDA PASSIVA E CONSTRUA UM PATRIMÔNIO: "1,1% da população adulta no mundo tem patrimônio de pelo menos 7 dígitos (em dólares). É a 1ª vez que a taxa é maior que 1%." Os dados são do Relatório Global de Riqueza do Banco Credit Suisse.

O seu foco principal deve ser fazer patrimônio, pois dessa forma você terá total independência financeira e participará deste 1% da população mundial. Pegue uma folha e crie uma meta clara do que você quer construir de patrimônio para os próximos anos. Não tenha pressa para criar, porém não deixe essa meta de lado:

- Ações de empresas;
- Negócios autogerenciáveis;
- Imóveis;
- Ativos geradores de receita;
- Bens alugados;
- Recebimento de royalties;
- Marcas;
- Patentes.

7- DOAR E TRANSBORDAR: De nada vale tudo isso se você enriquecer sozinho, num universo abundante, onde o que você planta acaba colhendo muito mais do que plantou, plante em solos que dão os maiores retornos. Regra de ouro do transbordo:

- Dinheiro para mim é pouco.
- Dinheiro para ter uma vida confortável e família suprida é uma quantia média.
- Dinheiro para gerações, para abençoar vidas, para transbordar para o mundo, é muito dinheiro.

Então seja ousado, queira enriquecer muito, pois não é só sobre você. Pelo menos 10% das suas receitas devem ser destinadas a dízimos e doações. Não tenha um número menor do que isso, porém tome cuidado para não extrapolar, lembre-se da regra do PhD Paulo Vieira: "Crescer e contribuir." Crescer está em primeiro lugar, não inverta essa ordem, mas não abandone nenhum dos dois itens.

Atendendo a esses 7 princípios você terá uma vida abundante!

Seja luz, seja abundante. Não desista, nem se compare a outros se menosprezando, e não acredite em promessas de dinheiro fácil, trabalhe muito e seja feliz.

Lucas Silva

Filho amado por Deus, pelo Sr. Duarte e pela Dona Alberice, nasceu em Suzano - SP e viveu uma infância simples e feliz. Aos 11 anos já trabalhava como atendente de lanchonete. Lucas se casou com sua primeira namorada, Carol.

Começou a trabalhar na Monster Dog, empresa de fast food, aos 17 anos e percorreu várias áreas desta empresa, desde office boy e gerente financeiro, até chegar a diretor de franchising.

Formado em Administração de Empresas pela Universidade Presbiteriana Mackenzie aos 21 anos, e enquanto trabalhava como CLT, empreendia paralelamente.

Fez diversos cursos sobre investimentos, desde ações até criptomoedas. Hoje é empresário e presta mentorias sobre finanças e empreendedorismo.

Seu propósito é brilhar a luz de Deus, auxiliando empresas a crescerem e pessoas a conseguirem paz financeira.

Estou no Instagram, Tiktok, Linkedin, Facebook e YouTube, segue abaixo todas as minhas redes sociais: https://linktr.ee/silvadelucas

"A importância de economizar não deve ser levada em consideração somente para pagar contas e não se endividar, mas também, para galgar níveis mais altos ao poupar e investir, e finalmente alcançar sua estabilidade financeira."

Mateus Vidal

Capítulo 18

Estratégias de economia para ter mais dinheiro

Economizar sempre foi um desafio para os brasileiros por diversos fatores, como a falta de propagação da educação financeira, alta dos juros ou desvalorização da moeda. Com o tempo criou-se o senso comum de que a palavra "economizar" tem mais a ver com "sobreviver até o fim do mês" do que se programar para poupar e investir.

Nas próximas páginas, mostrarei a você maneiras de economizar sem que precise renunciar completamente seu lazer, ao mesmo tempo em que estará usando metodologias que valorizam cada real poupado. Esse capítulo será dividido em aconselhamentos, que, se seguidos à risca, irão te alavancar para voos mais altos na sua vida financeira.

ORGANIZAÇÃO: o primeiro e mais importante passo dessa caminhada

A primeira fase para economizar é a organização. Para isso, inicie um processo bastante simples: elencar todas as suas despesas, por meio de planilhas ou aplicativos. Em seguida, verifique a correlação entre despesas e salário, onde poderá aferir quais são os furos de seu orçamento. Nesse momento, é aconselhável priorizar os débitos essenciais (aluguel, supermercados, contas de água e luz) e realizar cortes nas despesas supérfluas (roupas, refeições em locais caros e festas).

O CONTROLE FINANCEIRO É UM EXERCÍCIO DIÁRIO

Embora pareça irrelevante, é de suma importância anotar os gastos irrisórios (viagens de Uber, idas a *fast food*) para que sua planilha esteja fidedigna aos seus custos mensais. A melhor maneira de poupar é se atentar aos gastos do dia a dia. Pequenos hábitos como levar marmita para o trabalho ao invés de almoçar em restaurantes e vender objetos que não são mais utilizados, aos poucos farão diferença no seu bolso. Caso seu trabalho não seja distante da sua casa, é viável deslocar-se duas ou três vezes por semana de bicicleta ou até mesmo a pé para poupar combustível.

Além disso, uma boa estratégia para economizar e não abrir mão do seu lazer é pesquisar shows, eventos ou feiras culturais que sejam gratuitas ou possuam custo mais baixo na sua cidade, evitando gastos maiores em locais caros ou com longos deslocamentos de carro ou moto. Outra alternativa para se divertir e não extrapolar os limites monetários, é dividir as contas das plataformas de *streaming* com pessoas de confiança, diminuindo seu orçamento sem precisar abrir mão dos seus momentos de distração.

Após a organização, a próxima etapa é o planejamento. Um exemplo claro (e caro) da falta de planejamento é a transição de um ano para outro, com o acúmulo de gastos das festas de Natal e Ano Novo, além de IPVA, IPTU, matrículas escolares, entre outros. É semelhante a uma prova com gabarito divulgado, mas que costuma deixar muitas pessoas endividadas antes do primeiro trimestre do ano terminar. Para evitar começar o novo ano com o "pé esquerdo", comece a planejar-se com medidas eficientes, iniciando uma pequena poupança nos últimos quatro meses do ano anterior.

O ideal é estabelecer uma meta entre 30% a 50% dos valores das despesas citadas, e realizar depósitos constantes de quantias que são utilizadas para fins desnecessários, mas que serão decisivas para iniciar um novo ano sem dívidas.

SUPERMERCADOS: o valor da comparação

Nos últimos dois anos, devido à pandemia e a alta dos preços dos produtos, as idas ao supermercado têm sido motivo de preocupação para grande parcela da população. Para driblar a inflação no momento das compras, é necessário adotar alguns procedimentos simples que farão diferença no seu orçamento nesse momento.

Antes de ir ao supermercado, verifique em sua casa os produtos que você está precisando e faça uma lista com todos os mantimentos, bem como as quantidades para cada um deles. Essa medida ajudará a evitar a compra demasiada ou exagerada de alguns itens, além de aplacar constantes idas ao mercado.

Outra tática interessante é acompanhar os hipermercados por meio de sites, aplicativos e redes sociais. Por meio deles, você pode realizar a comparação entre os preços das mercadorias desses estabelecimentos -

escolha apenas dois supermercados para essa atividade, priorizando os itens mais baratos dentro da sua lista. Dessa forma, ao realizar suas compras em mercados diferentes, levando em conta as promoções, você estará poupando de forma efetiva e aliviando ainda mais o seu bolso.

CARTÃO DE CRÉDITO: um vilão que pode se tornar seu aliado

O cartão de crédito é uma ferramenta econômica agridoce. Quando usado como complemento de renda e/ou sem nenhum controle, pode levar o indivíduo a contrair dívidas ao cair em armadilhas, como os juros por atraso da fatura ou o pagamento mínimo da mesma. Porém, se usado em situações pontuais, poderá trazer benefícios que serão de grande valia para sua vida.

Uma das maneiras de controlar seu cartão de crédito é utilizá-lo para compras parceladas e sem juros de utensílios de valor elevado, como eletrodomésticos. O valor que seria gasto em uma compra à vista poderá ser utilizado para outros fins dentro da sua programação mensal. Nem tudo sobre os cartões de crédito são relacionados apenas à faturas e parcelas: muitos deles oferecem benefícios como pontos e milhas, que podem ser usufruídos por você, como os cartões *Azul Card Infinity* e o *Gol Smiles Gold*, alguns dos mais vantajosos nessa área e que podem pavimentar uma viagem desejada em um futuro próximo.

Suas compras nos cartões certos podem gerar até mesmo o retorno do dinheiro investido (cashback). Não, você não leu errado. Você pode usar o cartão de crédito e adquirir parte do seu dinheiro de volta ao usar o cartão, como o Méliuz, que oferece vantagens com retorno de 1% a 1,8% do valor da compra (a porcentagem aumenta de acordo com o valor da compra) e, melhor ainda, sem cobrar anuidade.

Quando usado com sabedoria e de forma unitária, o cartão de crédito pode, ao invés de gerar uma dor de cabeça e dívidas, ser usado como um trampolim para realizar seus sonhos.

CONHECIMENTO E INFORMAÇÃO: pilares para tomada de decisões corretas

Informar-se sobre o mecanismo da economia brasileira e mundial é fundamental para entender os impactos na economia doméstica. Quer um exemplo? A SELIC, é a taxa básica de juros da economia brasileira. Ela é definida pelo Banco Central e usada principalmente para controlar a inflação. Quando a taxa SELIC está mais alta, a tendência é de que os juros subam, fazendo com que o dinheiro circulante na economia seja menor, tendendo para que a inflação caia. E como isso influencia no seu dia a dia?

Com a SELIC mais alta, a tendência é que os preços baixem ou fiquem estáveis, pois a inflação estará controlada. Dessa maneira, percebe-se que é uma boa hora para realizar suas compras no supermercado ou comprar algum eletrodoméstico desejado em parcela única. Mas, atenção: a alta da taxa SELIC também significa que juros de cheque especial, cartão de crédito e parcelamento ficam mais altos.

E quando a SELIC estiver mais baixa? Os efeitos são exatamente o oposto do que foi mencionado acima. O crédito é mais acessível, pois as taxas de juros baixam. A inflação aumenta, encarecendo o preço dos produtos e serviços. Nesse momento, é aconselhável ser cauteloso ao fazer compras para não sofrer grandes danos no seu planejamento mensal.

Onde posso encontrar mais informações relevantes sobre economia?

Sites como *Guiabolso*, *InfoMoney* e *Caro Dinheiro* são referências. Além de fornecer informações importantes sobre a economia brasileira e mundial, também possuem recursos como cálculos de juros e planejamento de aposentadoria, que serão facilitadores para suas estratégias econômicas a médio e longo prazo.

O filósofo Lao Tsé disse, certa vez, que uma jornada de mil quilômetros precisa começar com um simples passo. Controlar o próprio dinheiro e usá-lo com sabedoria não é uma tarefa simples. É necessária uma mudança de rotina e pensamento, que devem ser colocadas em prática aos poucos. A importância de economizar não deve ser levada em consideração somente para pagar contas e não se endividar, mas também para galgar níveis mais altos ao poupar e investir, e finalmente alcançar sua estabilidade financeira.

Para ter acesso a uma planilha que ajudará a controlar o seu orçamento mensal e mais dicas para economizar, entre em contato comigo através deste QR Code: https://wa.me/qr/4MR6CRTUFIHEH1

Mateus Vidal

Nascido e criado em Nilópolis – RJ. Militar do Exército. Reside em Pindamonhangaba – SP, desde 2021. Seu interesse pela área de investimentos iniciou-se no Ensino Médio ao estudar sobre o crash da Bolsa de Valores em 1929. E, para se aprimorar nessa área, em 2018 optou por realizar a graduação em Economia, onde está cursando o último período.

Na área teórica, se atualiza constantemente lendo e assistindo conteúdos de investidores como Thiago Nigro e Murilo Duarte. Na parte prática, Mateus realiza consultas financeiras, auxiliando as pessoas a valorizarem seus rendimentos por meio dos hábitos de poupar e investir. Em parceria com Ronaldo Lobo, ele costuma publicar textos sobre finanças na página @dinheiroecultura.

"Minha finalidade em participar desse livro é demonstrar métodos úteis para mudar o patamar da sua vida financeira de maneira equilibrada e segura."

vidal.mateus19@gmail.com

@mt.vidal97

"O conhecimento técnico do profissional associado ao atendimento personalizado e a confiança do investidor, são peças importantes para a realização de grandes negócios."

Mônica Maria Frazão Brandão

Capítulo 19

Investimentos

Ao abordarmos investimentos sob o prisma econômico, sabemos que trata-se de uma opção cujo retorno poderá ser imediato, a médio ou longo prazo. O indivíduo alimenta um sonho e a partir daí sua vida é tecida de forma estratégica para o atingimento daquele objetivo.

Eis a palavra-chave: estratégia. Esse termo permeia qualquer tipo de investimento, seja ele conservador, moderado ou arrojado. E isso iniciou antes mesmo da criação do papel-moeda com o escambo, ainda na Idade Média, quando a mercadoria era negociada e avaliada entre as partes envolvidas, visando o lucro de acordo com a utilidade daquele produto.

Com o decorrer do tempo, instituições financeiras foram se especializando e viabilizando a introdução da captação como aplicação de recursos.

Atualmente temos o SFN Sistema Financeiro Nacional, constituído por várias instituições que integram o Mercado Financeiro. São os seguintes:

Órgãos Normativos:

- CMN (Conselho Monetário Nacional) – Órgão máximo, responsável pela política cambial, monetária e de crédito do país;
- CNPS (Conselho Nacional de Seguros Privados);
- CNPC (Conselho Nacional de Previdência Complementar).

Entidades Supervisoras:

- BACEN (Banco Central do Brasil) – Principal órgão executivo do sistema Financeiro;
- CVM (Comissão de Valores Mobiliários);
- SUSEP (Superintendência de seguros Privados);
- PREVIC (Previdência Complementar).

Principais operadores: condução e administração dos recursos

- Instituições Financeiras (Bancos, Corretoras);
- Bolsa de valores.

A ANBIMA (Associação Brasileira das Entidades dos Mercados Financeiro e de Capitais) exerce papel importante neste mercado, pois é a responsável por definir boas práticas para as empresas da área, além de oferecer formação/certificação aos profissionais do mercado, assim como o FGC (Fundo Garantidor do Crédito), o órgão que protege o depositante em caso de falência da instituição bancária.

Importante mencionar que a taxa básica de juros do Brasil é a Selic, estabelecida durante as reuniões do COPOM (Comitê de Política Monetária), que acontecem a cada 40 dias. A reunião tem a participação do presidente do Banco Central e sua diretoria, e é com a definição da taxa de juros que estes buscam o cumprimento das metas da inflação, além de influenciar a remuneração dos investimentos de renda fixa através do CDI, que é a Selic do Mercado financeiro.

Seguem alguns tipos mais comuns de investimentos e todos, sem exceção, estão sob os órgãos regulatórios acima citados

1- Poupança: Criada no ano de 1861 pelo imperador Dom Pedro II, é considerada um dos investimentos mais tradicionais e de baixo risco do mercado. Segundo pesquisas realizadas, um alto percentual de brasileiros ainda investem na poupança, atraídos pela segurança e praticidade, além de ser isento de imposto de renda para pessoas físicas , é garantido pelo FGC (Fundo garantidor de crédito). Para as pessoas jurídicas , há a incidência de imposto de renda , e a rentabilidade ocorre a cada 90 dias (o rendimento de pessoa física é a cada 30 dias).

2- Tesouro direto: É considerado um investimento seguro, pois é garantido pelo próprio Governo Federal. Por essa razão, são considerados ativos livres de risco.

Os principais títulos públicos federais podem ser pré e pós-fixados. São eles: LTN e NTN F (pré-fixados), LFT (Selic) e NTN B (IPCA)

3- CDBs: Certificados de Depósitos Bancários são títulos emitidos pelas instituições financeiras, nos quais o investidor pode escolher entre o título pós-fixado , atrelados ao CDI (Certificados de depósito interbancário), ou pré-fixado, que seguem uma determinada taxa de juros. Também faz jus ao FGC (Fundo garantidor de crédito).

4- LCI: Letra de Crédito Imobiliário - São títulos emitidos por instituições financeiras autorizadas a conceder créditos imobiliários . É isento de imposto de renda para pessoas físicas, garantido pelo FGC (Fundo Garantidor de Crédito).

5- LCA: Letra de Crédito do Agronegócio - É um título de crédito por empréstimos nesse ramo emitido por uma instituição financeira, também isento de imposto de renda e garantia do FGC.

6- Fundos de Investimentos: Segundo a CVM, os fundos de investimentos têm as seguintes classificações:

- Fundo de renda fixa (curto prazo, referenciado, crédito privado, dívida externa e investimentos no exterior);
- Fundo cambial (longo prazo, crédito privado e investimentos no exterior);
- Fundos de ações - FIA (Mercado interno e externo) ;
- Fundo multimercado - FIM (longo prazo, crédito privado e investimentos no exterior).

7- Ações: Quando pensamos em ações, logo vinculamos à Bolsa de valores, ambiente de negociação dos papéis das empresas listadas. No Brasil, a B3 é a nossa Bolsa. Temos o índice Bovespa (Ibov) que é o principal indicador de mercado de ações do país. Podemos citar outros índices como o IBrX 100 - os 100 ativos de maior negociabilidade da Bolsa brasileira, além dos índices de governança (desempenho médio de empresas que adotam boas práticas corporativas) e índices de sustentabilidade (empresas que apresentam eficiência econômica e equilíbrio ambiental).

Até o ano de 2019, o número de CPFs cadastrados na Bolsa brasileira era de um milhão. Atualmente temos 4 milhões de investidores. Trata-se de um mercado volátil porém atrativo e pode ser realizado através de bancos ou Corretoras.

8 - Investimentos no exterior: Assim como no Brasil, outros países apresentam seus índices em Bolsa, como o S&P, Nasdaq e Dow Jones nos EUA, DAX na Alemanha, CAC 40 na França, FTSE 100 no Reino Unido, dentre outros, como o Japão, o Nikkei 225 e China, o Sanghai Composite.

Podemos citar os títulos de renda fixa americanos, considerados ativos livres de risco: Treasury bills (vencimento de 1 ano), Treasury Notes (vencimento de 2 a 10 anos) e Treasury Bonds (vencimentos com mais de 10 anos).

9 - Investimentos imobiliários: Há diversas formas de se investir neste segmento, o exemplo comum é a aquisição direta de imóvel, porém vamos citar outros dois:

- Fundo de investimento imobiliário (FII): Trata-se de fundos fechados com gestão especializada e têm suas cotas negociadas em Bolsa. Além disso pagam juros mensais isentos de imposto de renda;
- Fundos de Investimentos em Participações (FIP). Compram empresas de vários ramos, inclusive do setor imobiliário. Em sua carteira, 90% são ações.

O PERFIL DO INVESTIDOR

Antes de escolhermos entre as opções de investimentos, há um importante item a ser considerado: o perfil do investidor, pois é através dele que identificamos qual o produto mais adequado para que o objetivo do cliente seja alcançado de acordo com sua percepção, e ao risco que ele está disposto a correr. Os perfis são classificados assim:

- **Conservador:** Pessoas que não têm tolerância a riscos e que buscam segurança em seus investimentos;
- **Moderado:** Pessoas que, sem abrir mão da segurança, aceitam correr um certo grau de risco em busca de uma maior rentabilidade;
- **Arrojado:** Pessoas que aceitam correr risco maior pois compreendem a volatilidade e sabem que o mercado pode, ocasionalmente, apresentar variações negativas.

O tema "investimento" não se encerra aqui. Trata-se de um assunto abrangente e que pode ser abordado e direcionado estrategicamente, de acordo com o cenário econômico, político e fiscal dos países.

Uma crise sanitária, como a que o mundo enfrentou recentemente, por exemplo, interfere diretamente na economia mundial e o controle da inflação tornou-se uma preocupação. Como solução, os principais líderes mundiais podem decidir pelo aumento da taxa de juros, fato que altera o cenário e a estratégia de investimentos.

A cultura de investir é global e traduz preocupação com a subsistência no futuro, proteção à família e desejo de realizar sonhos.

Eu posso ajudar você e tirar as suas dúvidas sobre este tema através das minhas redes sociais, fornecidas no fim deste capítulo.

Mônica Maria Frazão Brandão

Natural de Caxias (MA), mãe de Tiago e Daniel, iniciou sua vida profissional como bancária, ano de 1988, na cidade de Pedreiras (MA), sendo transferida 3 anos depois para a capital do Estado, São Luís. Foram 30 anos e 10 meses trabalhando na área.

Após esse período, no ano de 2019, foi contratada por uma reconhecida instituição financeira, na qual dá continuidade a assessoria de investimentos a clientes.

Graduou-se em Administração com Habilitação em Recursos Humanos pela Faculdade São Luís em 2004, porém foi na área financeira que desenvolveu maior conhecimento, obtendo certificações e buscando profissionalização continuada.

@monicamariafrazao

(98) 99114-1011

bbmonica@bol.com.br

"Pega essa chave: ATITUDE É TUDO!"

David Emanuel

Capítulo 20

Renda Fixa

Sabia que o rendimento da renda fixa não é fixo? Este foi, dentre outros, um dos questionamentos ao longo da minha jornada profissional. Hoje mais de 20 anos se passaram e cada vez mais busco me aprimorar, para proporcionar crescimento financeiro às pessoas que me contratam com esta finalidade.

A remuneração de investimentos de renda fixa pode variar de acordo com o tipo de título ou papel que estiver em negociação. As três formas tradicionais são os títulos Prefixados, os Pós-fixados e os Híbridos, também chamados de mistos. Os Prefixados têm sua taxa de juros fixa, bem como sua data de vencimento, estabelecidas no momento do seu lançamento no mercado. Os Pós-fixados têm a taxa atrelada a algum indicador, como a taxa SELIC ou a taxa do CDI. Esta taxa é indicada no momento do lançamento, porém a rentabilidade pode variar, pois a taxa de referência pode ser alterada ao longo do tempo. Os Híbridos ou Mistos têm partes da remuneração com juros fixos e parte atrelada a algum indicador.

MAS O QUE É RENDA FIXA?

Renda Fixa é você emprestar dinheiro, seja para um banco ou uma empresa, através de títulos privados ou para o Governo Federal, através de títulos públicos e este empréstimo renderá juros. Estes títulos funcionam como captação de recursos para quem emite, ou seja, para quem pega seu dinheiro emprestado. As aplicações em renda fixa tem uma característica conservadora de baixo risco, proporcionando certa segurança para o investidor.

Se você tem um bom relacionamento com seu banco provavelmente você já recebeu ofertas de investimento de seu gerente, porém o mais indicado é que você realize seus investimentos via corretora de valores, pois na corretora você poderá buscar todos os investimentos disponíveis de boa parte das instituições, não apenas do seu banco.

Os principais títulos de renda fixa são: os títulos públicos, CDBs (Certificados de Débitos Bancários), Debêntures, as Letras de Crédito Agrícolas e Imobiliários e ainda os certificados de recebíveis imobiliários e do agronegócio. Para entender como funcionam os investimentos de renda fixa é importante conhecer todas as siglas que envolvem a chamada "sopa de letrinhas" dos investimentos. Vamos nos debruçar sobre as siglas mais importantes e estratégicas e nos seus significados e detalhes. São elas:

TAXA SELIC: A taxa SELIC é a taxa básica de juros da economia, é apurada nas operações de empréstimos de um dia entre as instituições financeiras que utilizam títulos públicos federais como garantia. Ela influencia todas as taxas de juros do Brasil. Ao pegar dinheiro emprestado em uma instituição estando a taxa baixa, menos juros você pagará, ao mesmo tempo em que a rentabilidade dos seus investimentos em renda fixa também é mais baixa, mas ainda assim existe vantagem em investir, pois para os investimentos em renda Fixa o que vale é a diferença entre a Inflação e a SELIC.

A taxa SELIC é a principal ferramenta utilizada pelo Banco Central para controle inflacionário, ela é revisada a cada 45 dias pelo COPOM – Comitê de Política Monetária do Banco Central. Falando em rentabilidade dos investimentos em renda fixa, outra sigla faz muita diferença, é o IPCA – Índice Nacional de Preços ao Consumidor Amplo - que mostra a variação média do custo de vida de famílias com rendimento entre 1 e 40 salários mínimos, ou seja, afere a inflação dos produtos e serviços comercializados no varejo com base neste público. É a nossa "taxa" de inflação.

Na prática, quando a inflação sobe o Banco Central aumenta a SELIC; com a taxa de juros mais alta, a população tende a comprar menos e com isso há uma tendência em baixar os preços. Quando os preços baixam, a inflação diminui, e assim o Banco Central pode diminuir a SELIC.

CDI: O Certificado de Depósito Interbancário – CDI, é na prática um título emitido por operações de curtíssimo prazo entre os bancos. Sim, os bancos emprestam dinheiro entre si, isso é muito comum e acontece principalmente por força de uma regra que o Banco Central impõe aos bancos, onde todos devem fechar o dia com saldo positivo. Então, se o saldo de saques é maior que o saldo de depósitos, os bancos pegam dinheiro emprestado com outros para manter o saldo positivo.

A taxa utilizada pelos bancos nestas operações é a taxa DI, também conhecida como *benchmark* da renda fixa no Brasil e semelhante a taxa SELIC, por se tratar da taxa média operada entre bancos no sistema, ela acaba servindo de referência para o mercado de renda fixa e de fundos de investimentos de renda fixa e isso, sim, importa para as pessoas físicas, pois esta é a taxa base para investimentos de renda fixa em geral.

FGC: O Fundo Garantidor de Crédito é um mecanismo que foi criado em 1995 para garantir segurança ao patrimônio do investidor, ou pelo menos a parte deste patrimônio, para os ativos de renda fixa e depósitos. É uma instituição privada criada por instituições financeiras associadas, para garantir a recuperação do patrimônio. Caso a instituição venha a falir, o valor máximo garantido pelo fundo é de até R$ 250 mil reais por CPF/CNPJ e por instituição.

CDB: O Certificado de Depósito Bancário é um investimento que acontece quando basicamente se empresta dinheiro para os bancos, com prazo definido, com condições de liquidez variadas normalmente estabelecidas no lançamento do título e com retorno prefixado, pós-fixados ou indexados a algum índice inflacionário, normalmente o IPCA.

A maior parte dos CDBs oferecidos hoje é pós-fixada ligada ao CDI. Lembro que estes títulos têm incidência de Imposto de Renda aplicado à tabela regressiva, que o torna mais rentável após dois anos, já que a cobrança será a mínima, hoje de 15%.

TÍTULOS DO TESOURO DIRETO: São títulos emitidos pelo Governo, ou seja, você está emprestando dinheiro para ele. São considerados os mais seguros, pois são emitidos pela mesma instituição que emite o papel moeda do país. Podem incidir sobre eles algumas taxas como a cobrada pela Bolsa de valores - no Brasil, é a B3 - e dependendo da corretora de valores utilizada, ainda há cobrança de taxa de administração.

LC: As Letras de Câmbio são como se fosse um CDB de uma financeira, porque a palavra "câmbio" entra como ideia base de troca, não tem ligação com câmbio de moedas. Na prática, você empresta dinheiro para uma financeira emprestar para outras. As financeiras são instituições mais suscetíveis à crises econômicas que os bancos, isso aumenta o risco em investir nelas.

LCI e LCA: Letras de Crédito Imobiliário e Letras de Crédito do Agronegócio tem o mesmo fundamento e são parecidas com o CDB, porém o dinheiro que você empresta tem finalidades específicas, no caso da LCI o recurso tem destino nos projetos Imobiliários e a LCA tem por finalidade projetos no campo do Agronegócio.

O Governo Federal tem interesse nesses setores, pois tem notória relevância para o PIB (Produto Interno Bruto) e para a geração de empregos, sendo assim, o governo isenta as pessoas físicas do Imposto de Renda nestas modalidades, facilitando o financiamento destas iniciativas.

DEBÊNTURES: Estes são títulos de crédito emitidos por empresas, porém aqui não há destinação específica. A captação feita pelas empresas normalmente são destinadas a grandes projetos e assim costumam ter vencimentos mais longos que os outros títulos de renda fixa. Dessa forma, não são cobertas pelo FGC mas podem ser incentivadas ou de infraestrutura, que nestes casos também têm isenção de IR para Pessoa Física. Via de regra, são tributadas pela tabela regressiva do Imposto de Renda (hoje de 22,5% a 15%).

Bom, agora que você já sabe o que significa essa "sopa de letrinhas" a pergunta que normalmente surge é: como eu começo? Como posso aproveitar essa forma de ganhar dinheiro?

Primeiro você precisa conhecer muito bem seu próprio perfil: o quanto você está disposto a conhecer, arriscar e investir? Quais são seus objetivos com este tipo de investimento? Aliás, essa é a pergunta que todo investidor deveria se fazer: Qual o meu objetivo com esta aplicação?

Depois de entender sobre seu perfil e ter toda segurança no que vai fazer, você precisa aprender ainda mais sobre segurança, liquidez e rentabilidade dos seus ativos.

O primeiro passo prático para entrar na renda fixa é abrir uma conta numa corretora de valores, em seguida estruturar sua carteira de investimentos com base nos seus objetivos de curto, médio e longo prazo, determinando qual porcentagem deverá estar em renda fixa. Então é só iniciar a aplicação da estratégia e monitorar os resultados, sempre reinvestindo conforme o determinado em sua estratégia.

David Emanuel

Consultor Financeiro de Negócios, professor, especialista em crescimento financeiro exponencial, palestrante e empresário. Formado em Administração de Empresas, habilitado em Marketing, Pós-graduado em Gestão e Controladoria Financeira, formação internacional em Coaching Integral Sistêmico pela FEBRACIS com certificação pela Florida Christian University (FCU), formação em Coaching para dinheiro pela FEBRACIS. Cursos de extensão "Inteligência Financeira" com o mestre Gustavo Cerbasi, curso de extensão internacional "O segredo das mentes milionárias" formado por T. Harv Ecker, ministrante oficial autorizado pelo Phd Paulo Vieira do treinamento "O poder da ação".

Atua há 20 anos na área administrativa e financeira, como consultor e professor, desenvolveu o método integrativo de gestão financeira, o Método TRINNUS, atualmente são mais de 500 famílias enriquecidas com este método, em negócios de ramos variados de atuação.

Para mais esclarecimentos, estou disponível através das minhas redes sociais.

www.davidemanuel.com.br

@davidemanuel.com.br

(71) 99908-8034

"Investir é cuidar do seu EU do futuro!
Investir é um ato de amor-próprio, de
autocuidado e também uma prova
de amor com os seus."

Carmen Manhães

Capítulo 21

Renda Variável

Em 2017, quando despertei para a existência do mercado financeiro, mergulhei na busca por conhecimento, e também em livros da área financeira. Iniciei com o livro: "Pai rico, Pai pobre" de Robert Kiyosaki. No início da leitura fiquei simplesmente deslumbrada ao conhecer os conceitos sobre renda passiva, ativos e passivos.

Colocar o dinheiro para trabalhar para mim, como isso poderia ser possível? Hoje posso te afirmar que é totalmente possível e que investir é criar um exército monetário de "escravos", que gerarão "escravos filhos", e estes trabalharão para você. Eles te garantirão uma forma de ganhar dinheiro enquanto você dorme, e continuarão fazendo dinheiro mesmo que você não esteja trabalhando. Essa é a famosa "renda passiva", receber renda sem ter a necessidade de investir tempo e esforço.

No mercado financeiro temos vários tipos de investimentos. Os de renda variável são os mais instigantes e os que requerem maior domínio do assunto. Nestes, incluem-se as ações. Mas afinal o que são ações? Ações são cotas das empresas que são comercializadas na Bolsa de valores. Para comprá-las, você precisa ter uma conta em uma corretora de valores/banco, que ofereça este investimento, e comprar essas ações através do home broker (local da plataforma onde são negociadas as cotas das ações).

Podemos comprar ações em lote de 100 ações ou através do mercado fracionário de 1 a 99 ações. Essa compra pode te possibilitar receber proventos dessas empresas, que podem ser em forma de dividendos, (lucros da empresa) que são divididos entre os acionistas, ou em forma de juros sobre capital próprio. Investir em ações é uma ótima oportunidade de diversificar seus investimentos, aumentar os seus ganhos e formar o seu patrimônio.

A Bolsa de valores não é um cassino ou roleta russa, como muitos pensam. Porém, se você entra e sai dela sem a estratégia certa e sem conhecimento sobre o seu funcionamento, ela pode se tornar um pesadelo e te causar prejuízos. No mercado de renda variável existem muitos mitos e quero aqui desmistificar alguns deles.

O primeiro mito é que investir em ações é só para pessoas ricas; na verdade, para comprar ações você não precisa ter muito dinheiro, com menos de R$10 você já consegue comprar 1 ação. Outro mito - mais comum entre as mulheres - é que o mercado de renda variável é só para homens. Eu te afirmo que comprar ações é para mulher sim, o mercado de ações é para você que está lendo agora, independente do seu gênero. A Bolsa de valores hoje é para todo mundo, é um mercado democrático e simples. **O detalhe é que você apenas precisa ter o conhecimento para acessar esse mercado, então acredite, investir em ações é para você, SIM.**

Existem diferentes estratégias e formas para adquirir as ações. Comprar e vender dentro do mesmo dia é uma delas, assim você fará um day trade. Comprar uma ação hoje e vender daqui uma semana ou um mês, é uma outra estratégia, nesse caso você fará swing trade. E a terceira, que eu particularmente amo, é a position trade, que é comprar as ações e ficar com elas na carteira de investimentos por um longo tempo. Para isso, você deve buscar conhecimento sobre a empresa de interesse, entender os fundamentos dela, as estratégias de negócios, o balanço financeiro (lucro ou prejuízo) e então tomar a sua decisão de compra. Conhecidos estes pontos sobre a empresa, você ficará mais tranquilo para confiar nela e nos indicadores.

Daí em diante você ficará com as ações desta empresa durante um tempo específico e receberá parte dos lucros dela, pois ao comprar uma ação você se torna sócio da empresa e quando a empresa der lucro, você terá direito a receber parte proporcional desse lucro. Ou seja, você compra a ação uma única vez, a mantém na sua carteira e sempre que a empresa der lucro e dividir os lucros com os acionistas você recebe aquele lucro proporcional à quantidade de ações que você tem daquela empresa. Isso não é fantástico?

Quando eu conheci o mundo dos investimentos em 2017 eu pensava o seguinte: isso não é para mim, tenho medo de investir, não conheço nada sobre isso. E nesse mundo de possibilidades do mercado financeiro, eu me sentia sozinha e insegura com tantas novidades. Eu não sabia exatamente para onde ir e não sabia o que fazer. Tinha vontade de investir, mas sentia medo porque não possuía conhecimento suficiente. Eu também não sabia em quem eu poderia confiar, ou seja, eu não tinha a segurança necessária para fazer investimentos e também não queria ser lesada ou passada para trás por alguém.

Então decidi buscar conhecimento sobre o assunto, comecei a estudar, fiz uma formação em educação financeira e 2018 foi o primeiro ano da minha virada financeira. Neste ano eu comecei a colocar o dinheiro para trabalhar para mim, gerando e multiplicando os "escravos" que mencionei anteriormente.

Quando comecei a investir em ações eu queria "tirar o atraso" de uma vida inteira, tinha a sensação que tinha perdido muito tempo sem conhecer sobre o assunto e me perguntava por que não havia começado antes. E como resultado dessa ansiedade, cometi muitos erros, tomando decisões importantes sem conhecer os fundamentos de funcionamento do mercado. Assisti a um vídeo no Youtube sobre ações que pagavam dividendos e comecei a pesquisar quais eram, mas o problema não estava em saber isso, mas em não saber sobre os detalhes que envolvem este processo.

Para recebermos os dividendos precisamos conhecer:

1- A data de pagamento e a data de referência de pagamento deles, que é chamada de "Data Com", que é a data que precisamos ter as ações para termos direito de receber os dividendos.

2- Precisamos ter noção de como funciona a precificação das ações com a proximidade dessas datas. De forma geral, com algumas exceções, as ações sobem de preço quando se aproxima a "Data Com" e imediatamente após esse dia elas caem de preço. Elas normalmente caem, no mínimo, o valor que será pago em dividendos.

Suponha que uma empresa X anuncie o pagamento de dividendos no valor de R$1 por cota, com data de pagamento para 10 de março e "Data Com" para 2 de março. Digamos que para receber os dividendos comprei 1 ação dela no dia 2 de março a R$11 a cota e que no fechamento da bolsa de valores do dia 2 a cota feche com o preço de R$10. Seguindo a regra geral, no dia 3 de março esta ação valerá no mínimo R$9 (R$10 – R$1), podendo em muitos casos, ter o valor menor ainda dependendo da diferença entre oferta e demanda por esta ação no mercado. Se houver mais pessoas com interesse em vendê-las do que em comprá-las, o preço dela cairá mais ainda.

Lá no início, eu desconhecia esse fato. Imaginava que eu poderia receber os dividendos e que conseguiria vender as ações no dia seguinte ao Data Com, por um preço mais alto do que comprei. Mas infelizmente isso não aconteceu. Recebi os dividendos na data programada, porém para não ter prejuízo, tive que segurar essas ações por um tempo maior do que o planejado, pois se as vendesse com a queda que elas tiveram, o meu prejuízo seria grande. Essa situação deixou claro que o desconhecimento desses fundamentos me fez tomar decisões precipitadas.

Outros erros que cometi dizem respeito tanto à quantidade de ações que eu comprei quanto em investir um valor que eu iria precisar usar em pouco tempo, para pagar contas. As ações, por pertencerem ao mercado de renda variável, não têm garantia de subida e descida nos seus preços, existem os momentos "previsíveis" das proximidades do "Data com", porém não é garantido, pois se trata de renda variável e como o próprio nome já diz, o mercado e seus preços são voláteis. Somente ao estudar o mercado, comecei a conhecê-lo profundamente e alcancei a segurança e o conhecimento suficientes para operar e receber dividendos com foco em longo prazo, utilizando um dinheiro que eu não precisaria em um pequeno período.

O objetivo é montar um patrimônio e não apenas retirar lucros em curto prazo. Com o tempo entendi algo, e desejo que você também entenda: o Mercado de Ações é um mercado seguro e que deve ser pensado para longo prazo. Se você se interessou pelo assunto, eu recomendo um aprofundamento sobre esse tema.

Carmen Manhães

Filha amada do Deus vivo, nascida em Campos dos Goytacazes - RJ. Se mudou para o estado do Tocantins há mais de 7 anos. Filha de João e Nisete, já falecidos; esposa de Francisco e mãe de Mateus. Engenheira agrônoma, doutora em Engenharia e Economia na Agricultura pela Universidade Estadual do Norte Fluminense – Darcy Ribeiro. Professora há mais de 13 anos, empresária, investidora, educadora e mentora financeira, analista de perfil comportamental e Master Coach Integral Sistêmico.

Sempre foi apaixonada por números, e matemática era sua disciplina preferida na escola. A primeira aula que ministrou foi uma aula particular de reforço de matemática. Descobriu a paixão pelo mercado financeiro em 2017, iniciando no ramo como investidora. Atualmente, cumpre o seu propósito de vida ensinando às pessoas a fazerem os seus primeiros investimentos e realizarem sonhos que o dinheiro pode comprar, através de educação financeira, rendimentos dos investimentos e construção de renda passiva.

Se precisar de ajuda, estou à sua disposição através das minhas redes sociais. Combinado? Te espero lá.

@carmen.manhaes

Carmen Manhães | Finanças

(63) 98126-6662

"Investir no mercado internacional é uma das melhores estratégias, pois poderá ajudar você a acumular patrimônio em moeda forte de uma maneira segura e eficiente."

Káren Dias

Capítulo 22

Diversificando os investimentos

Investir na Bolsa de valores me fez antecipar os meus sonhos, obtive lucros consistentes por anos. O tempo foi passando e com toda a experiência vivida no mercado brasileiro, decidi expandir meu conhecimento para poder encontrar ainda mais consistência no mundo dos investimentos, pois somente alocar meu capital no mercado nacional não trazia a segurança necessária, era preciso diversificar.

Conforme fui me aprofundando sobre o assunto, passei a conhecer o Mercado Internacional. Vi novas portas se abrirem para mim. Estudei e pude avaliar as vantagens de operar e investir nele, pois é - de longe - o maior e o mais popular mercado financeiro do mundo. Vou apresentar as vantagens a vocês agora:

- Não há taxas de compensação, taxas de câmbio, taxas de governo e taxas de corretagem, ao contrário de todos os outros investimentos citados anteriormente;
- O baixo custo de transação no varejo é geralmente inferior a 0,1% em condições normais de mercado;
- Ninguém pode dominar o mercado, ou seja, é um mercado tão grande e tem tantos participantes que nenhuma entidade única pode controlar o preço de mercado por um tempo prolongado;
- Mercado de alta liquidez.

O mercado internacional é muito mais maduro do que, por exemplo, o da Bolsa de valores no Brasil, que é um mercado que ainda está iniciando e crescendo no país. Ele é muito mais avançado em termos de tecnologia, de execução e também em estratégias.

DIVERSIFICANDO OS INVESTIMENTOS PARA MINIMIZAR OS RISCOS

Investir significa fazer com que o seu dinheiro, de maneira precisa, trabalhe para você. Com estratégias e performance corretas, seu dinheiro pode se multiplicar em forma de rentabilidade. Ainda que seja bastante atrativo, não existe um caminho mágico para se tornar um investidor. Existe uma grande diferença entre aqueles que buscam recursos interativos na leitura e o conhecimento daqueles que, através da sua experiência, conseguiram chegar ao sucesso financeiro, sendo uma ferramenta de aprendizagem.

O segredo para a consistência do investidor no mercado financeiro é visar investimentos a longo prazo. Ninguém irá ficar rico do dia para a noite, mas aquele que gerencia seu capital de forma correta se beneficiará dos investimentos. Ao contrário do que muita gente pensa, é possível aplicar dinheiro em bons produtos financeiros sem precisar ter muito dinheiro sobrando. Isso não impede você de se tornar um investidor.

Infelizmente, é muito comum que assuntos sobre investimentos sejam associados apenas aos ricos. Afinal, as pessoas compartilham do pensamento equivocado de que para investir é preciso ganhar muito dinheiro. Nasceu pobre morrerá pobre? Não! Enriquecimento é um projeto de vida, sendo algo que você decide, planeja e executa. Sendo assim, este também é um mercado de possibilidades para todos.

Outro fator importante é que o mercado traz riscos como qualquer outro de renda variável, porém com um planejamento estratégico, muito estudo e prática, é totalmente possível conquistar sua autonomia financeira. Na verdade, não existe um valor mínimo para quem está começando a investir na Bolsa, existem opções adequadas para todos os tipos de investidores.

O primeiro aspecto que você deve considerar e avaliar antes de começar a investir o seu dinheiro é o seu perfil de investidor. Os perfis são classificados em três termos, levando em consideração a tolerância em relação aos riscos do investimento:

- *Conservador*: Se você quer correr o menor risco possível dando maior importância para a segurança e, para isso, está disposto a ter uma menor rentabilidade, então você é um investidor de perfil conservador.

- *Moderado:* Se você está disposto a correr alguns riscos para obter um aumento na rentabilidade, você possui um perfil moderado.
- *Agressivo (ou arrojado)*: É o perfil de investidor mais tolerante ao risco em troca de uma rentabilidade igualmente alta.

Manter todas as suas economias em investimentos locais pode parecer bastante seguro, mas, ao ter exposição somente nesse mercado, você estará limitando todas as possibilidades de retorno e diversificação dos seus investimentos. Uma boa estratégia para minimizar quaisquer riscos ao capital investido, seja em qual ativo você investir, é a diversificação.

Investir no mercado internacional amplia uma gama de ativos, principalmente em renda variável pouco expressivas no Brasil. O setor de Tecnologia no exterior, por exemplo, movimenta um valor três vezes maior do que o mesmo mercado na Bolsa de valores brasileira. Isso gera um volume maior de negociações e infinitas oportunidades, podendo resultar em investimentos muito mais lucrativos do que o esperado em negociações feitas no Brasil.

Muitas pessoas por não terem um conhecimento em nível de investimentos internacionais, ainda questionam o porquê e quais são as vantagens de se investir neste mercado. Por diferentes razões, investir no mercado internacional é uma ótima estratégia para aplicações financeiras. Primeiramente porque o mercado lá fora é muito maior em liquidez do que aqui, o que traz uma segurança e rentabilidade muito maior. Outro ponto é a diversidade de ativos disponíveis, fazendo com que você possa investir em diversos países e também em diferentes mercados.

Um aspecto muito positivo desse mercado se faz pela estabilidade econômica, pois ao fazer aportes em diferentes países, torna-se possível obter ativos de economias estáveis e confiáveis, como é o caso de países desenvolvidos do continente Europeu e dos Estados Unidos. Esta é uma característica que é capaz de trazer mais segurança no momento da aplicação, pois estes países estão menos propensos a sofrerem fortes desvalorizações devido a estabilidade da economia local. Nem toda crise econômica atinge a todos os países de uma só vez, a não ser em casos de exceção, como fatores pandêmicos.

Em algumas situações como por exemplo o Brasil, se a economia brasileira estiver passando por algum momento de crise pode não impactar no desempenho de economias emergentes como os Estados Unidos.

Essa questão acontece porque os países estão em ciclos econômicos distintos. Alguns vivem de *commodities* (conhecida como matéria-prima, commodities são classificadas como mercadorias básicas utilizadas como insumo de produção de outros produtos, um exemplo seria a soja), como é o caso de países da América Latina, e outros vivem da Indústria.

Sendo assim, caso ocorra uma crise acentuada no Brasil (que não seja de impacto global) seus ativos estarão em outros mercados, minimizando erros e até mesmo anulando possíveis prejuízos.

Em um breve resumo dos milhares de ativos disponíveis é possível diversificar entre:

- Índices: SP500, USA30, B3 são exemplos de índices no qual são um termômetro para o mercado de investimento, pois medem o desempenho de um conjunto de ações;
- Ações: É possível negociar ações das principais empresas do mundo, como: APPLE, GOOGLE, FACEBOOK, LOREAL, AMAZON, entre outras;
- CFDs: Comprando a diferença de valores de uma ação, Exemplo: CDFs da APPLE, no qual é uma modalidade que pode ser bastante lucrativa;
- Petróleo;
- Metais: Ouro, prata, cobre, alumínio, entre outros;
- Commodities: milho, soja, café, carne, algodão, entre outros.

E também as moedas de divisas: EUR/USD, USD/CAD, GBP/USD que são as movimentações de câmbio internacional.

Vale lembrar que é importante ler e entender com cuidado a política de Investimentos de cada um deles e respeitar o seu perfil de investidor, para que possa fazer sua escolha de maneira assertiva.

O conhecimento é seu melhor amigo no mercado financeiro. Quando você entende como as coisas funcionam, começará a identificar oportunidades de ganhar dinheiro.

Minha intenção até aqui é te conscientizar de que existe um mundo de possibilidades para você aumentar seus ganhos com a realização de um bom gerenciamento, para que em nenhuma hipótese haja prejuízo, e acredito que essa tarefa tenha sido concluída.

Não tenha medo! Quando buscamos algo novo o sentimento do medo e do fracasso nos acompanha. Mas, só vence na vida aquele que tem ousadia, quebre o medo pois ele te paralisa e te impede de viver o extraordinário.

Káren Dias

Mãe, investidora e trader profissional; gerente de fundo de investimento, especialista em Câmbio Internacional; Formada em Fisioterapia pela Universidade Cesuc de Catalão-Goiás com especialidade em fisioterapia cardiorrespiratória e terapia intensiva adulto e neonatal, com atuação por um curto período de sua vida. Esse período foi pausado por uma mudança radical de cidade e de convívio social, quando se casou e conheceu o "mundo dos investimentos", no qual ingressou no mercado da Bolsa de Valores brasileira e consequentemente também no das moedas digitais visando a consistência, me apaixonou pelo mercado internacional.

Filha amada de Deus, e esposa de Richardson Arruda, seu maior estimulador de sonhos, mãe da princesa Stella, sua força diária; e filha de Cleire Marta, a quem é grata pela vida.

"Carrego grandes sonhos, um deles é alcançar mais e mais pessoas, com o objetivo de levar uma oportunidade para que elas olhem de maneira diferente o mercado financeiro e adquiram uma vida mais organizada, minimizando os riscos ao investir seu capital."

"Muito sucesso para você e obrigado pela leitura!"

karen_ddn1@yahoo.com.br

@karendiasn

(62) 99495-6006

"...você não vai enriquecer do dia para a noite. Estar na direção correta é muito mais importante que a velocidade que você coloca."

Igor Lucena

Capítulo 23

Fundo de Investimento Imobiliário (FII)

Os fundos imobiliários (FII) mesclam a segurança associada aos investimentos conservadores em imóveis tradicionais com a rentabilidade que só os ativos do mercado financeiro podem ofertar com previsibilidade e consistência de dividendos (renda passiva) .

O brasileiro tem uma tendência em investir em imóveis, porém muitas vezes não conhece os custos reais desse investimento (impostos, corretores, imobiliária , inflação, etc), acha que ao comprar um imóvel de 200 mil e em 10 anos vender este mesmo imóvel por 400 mil, conseguiu um lucro de 200 mil, só que a realidade não é essa. Apesar disso, esse tipo de investimento é comum. Quem pensa em gerar uma renda passiva, em complementar a aposentadoria e viver de renda, acaba pensando em ter imóveis de aluguel.

O objetivo deste capítulo é direcionar você para um caminho que possa viver de renda com fundos imobiliários (FII) ou diminuir sua carga de trabalho no futuro. Vamos traçar um plano realista, para você estar na direção certa, entendendo que você não vai enriquecer do dia para a noite. Estar na direção correta é muito mais importante que a velocidade que você coloca.

FUNDOS IMOBILIÁRIOS (FII) SÃO UMA FORMA DE INVESTIR EM TERRAS

Os FII são uma forma muito simples de você ter acesso a investimentos em imóveis, sem a necessidade de investir um valor alto inicial, você pode comprar cotas de um fundo a partir de 10 reais e receber um dividendo (aluguel) mensal por aquele valor investido. Com ele você pode investir em imóveis sem ter a necessidade de comprar nenhum.

Ao comprar o fundo você se torna sócio de um grupo de imóveis ou *recebíveis imobiliários* (papéis de dívida pagos mensalmente), diversificando seu capital e não concentrando em apenas um imóvel. Entenda que, nesse modelo do FII, se um imóvel do seu fundo ficar vago (sem inquilino), você perderá apenas uma pequena fatia do seu dividendo mensal, já se seu imóvel físico desalugar você perderá 100% da renda que ele oferece.

Hoje o mercado de FII é muito pequeno e pouco conhecido, porém é um mercado em expansão. O número de investidores de FII também vem crescendo muito rápido. Em 2018, eram cerca de 100 mil pessoas físicas investindo. Em 2022, chega a 1,5 milhão de cotistas.

No período de 2011 a 2020 o IFIX (índice de fundos imobiliários) rendeu 180%. No mesmo período, o IBOV (índice das ações) rendeu 42%.

Existem vários tipos de FII :

1- Fundos de tijolo (imóveis físicos): lajes corporativas , galpão, shopping, hospital, hotéis;

2- Fundos de papel (recebíveis imobiliários);

3- Fundos híbridos (imóveis físicos e recebíveis imobiliários);

4- Fundos agro (imóveis agro);

5- Fundos de fundo;

6- Fundos de desenvolvimento.

Vantagens do FII:

1- Não precisa de grandes valores para investir: Você não precisa ter 500 mil reais para ter um fundo imobiliário. Não precisa fazer um financiamento (entenda "pagar juros") para adquirir as cotas. A partir do momento que você adquiriu a cota do fundo você passa a receber dividendos (recebe juros) e isso aumenta seu capital. Consegue perceber a diferença?

2- Regularidade e previsibilidade de recebimentos: Você recebe aluguel mensal (dividendo/juros) a partir do momento que você adquiriu a cota. De acordo com a lei 9.779/1999, os FIIs normalmente devem distribuir 95% dos rendimentos recebidos (resultados).

3- Isenção de imposto de renda: Os dividendos (aluguel/juros) do FII são isentos do imposto de renda, diferente do aluguel convencional que paga o imposto. Este só é cobrado na valorização da cota, ao vendê-la como o ganho de capital de um imóvel físico.

4- Liquidez: Você possui liquidez do fundo, ou seja, você pode se desfazer dele a hora que necessitar, em preço de mercado na Bolsa de valores vendendo a parte que necessita. (Isso mesmo, os FII são negociados na Bolsa, porém não precisa ter medo disso, é muito simples). Diferente do imóvel físico que não possui liquidez, o FII tem a vantagem de vender o valor que você precisa e receber em 2 dias na sua conta.

Para ficar mais fácil de entender vou contar uma história.

Imagine que você possui um imóvel de 500 mil reais e ele está alugado por 1500 reais. Aconteceu um problema em sua vida e você precisa de 100 mil reais para resolver de forma rápida alguma pendências financeiras.

Para vender este imóvel rápido você não consegue aguardar uma proposta no valor de 500 mil que julga que ele vale, venderá por 450 mil e ainda dentro deste valor terá custos de corretor, ganho de capital, entre outros. Poxa e se eu conseguisse vender apenas um cômodo do imovel, conseguiria os 100 mil que preciso, porém isso não é viável né? Além de tudo isso, perdeu a fonte de renda passiva (aluguel de 1500).

Com os FII é diferente, se você tem 500 mil investido e precisa de 100 mil , você vai na plataforma e vende os 100 mil (sala do imóvel), recebe o dinheiro em 2 dias em sua conta, só vai pagar imposto sobre o ganho de capital da cota, sem corretor, sem documentação, não perde dinheiro vendendo mais barato que o valor, e ainda permanece com o aluguel dos 400 mil que permanecem investidos.

5- Gestão profissional: Imagine você receber aluguéis (dividendos/juros) todos os meses , não ter que se preocupar com inquilino, reforma, vacância, cobrança, investimento no imóvel, contrato. Poder investir em imóveis da melhor qualidade (classes A, AA, AAA), em vários lugares do país, sem ter de se preocupar com a gestão e acompanhamento de tudo isso, apenas aproveitar a renda passiva por ele gerada.

6- Imóveis de alta qualidade: Com os FII você tem a capacidade de atingir imóveis de altíssima qualidade, com inquilinos também de alta qualidade, os quais nunca seriam acessíveis a um investidor sozinho.

7- Dividendos acima da média: Com os FII você recebe maiores valores de aluguel do que investindo em imóveis diretamente na média. Até pela isenção do imposto de renda.

8- Diversificação: Se você tem um imóvel físico alugado para uma família e essa família fica inadimplente ou sai do imóvel você perde 100% da renda, já no FII você perderia apenas um valor no dividendo recebido, ainda recebendo o mesmo, pois no FII multipropriedade você possui várias fontes de receita que compõem o dividendo, diferente do imóvel físico que teria apenas 1 fonte de renda do aluguel .

9- Proteção contra a inflação: Os contratos de aluguéis (típicos ou atípicos) e os recebíveis imobiliários (CRI) são corrigidos segundo índices (IGP-M, IPCA...).

Reinvestimento dos dividendos do FII

Um fator importante a ser observado e praticado é o reinvestimento dos dividendos do FII durante a fase de construção do patrimônio e você precisa usar isso a seu favor. Se você não reaplicar estará perdendo o poder da multiplicação (juros compostos).

Exemplo de um fundo :

XXX11- sem reinvestimento dos dividendos mensais, apenas contando com a valorização da cota : rendeu 15%

XXX11- com reinvestimento dos dividendos mensais : rendeu 198%, no mesmo período.

Qual é a sacada: Nos FII, se você investe 500 mil, recebe 1500 de dividendos e reaplica comprando mais cotas deste mesmo fundo ou de outro, já no outro mês você receberá 1510, e se permanecer fazendo esse reinvestimento a cada mês, receberá uma quantia maior. Isso é o efeito multiplicador.

Qual investidor gosta dos fundos imobiliários?

Aquele investidor que foca em renda passiva e gosta de dividendos. Principalmente aqueles que possuem uma vida muito agitada, focada na geração de renda, e não têm tempo de cuidar de imóveis físicos. Assim, com o capital recebido na fonte de renda principal (renda ativa), ele investe em FII gerando cada vez mais renda.

Sigo para a conclusão, mas antes quero falar com você sobre o benefício do FII para seu crescimento e liberdade/independência financeira no futuro.

Eu tenho como grande objetivo a criação de renda passiva, para atingir a liberdade/independência financeira ou diminuir minha carga de trabalho no futuro.

No clássico da literatura financeira "Pai rico, Pai pobre", o autor fala muito de imóveis e como criar riqueza comprando e alugando imóveis, porém a realidade exposta no livro não pode ser replicada no Brasil com imóveis físicos. Já com fundo imobiliário, sim. É possível aplicar um pouco do conceito exposto pelo autor, onde você compraria imóveis (FII) e com a renda dos alugueis você pagaria a parcela (compraria mais cotas de FII) de um segundo imóvel e repetiria isso sequencialmente até que a renda passiva vinda de aluguéis cobrisse seus custo. E nesse momento você adquire a liberdade financeira.

Viver de renda será uma questão de tempo!

Igor Lucena

Médico, formado há 14 anos, com especialização em otorrinolaringologia pelo Hospital Federal de Bonsucesso, formação em plástica facial no Instituto Jurado, formação em cirurgia craniomaxilofacial pela CROM.

Criador do canal ATIVOS e do método ATIVOS, canal de educação financeira para os profissionais da saúde.

"Carrego comigo o grande sonho de conseguir melhorar a qualidade de vida dos profissionais da saúde, diminuir sua carga horária (que é muito alta) e com isso criar uma saúde melhor, onde estes profissionais não trabalhem até o fim da vida para perceber que não conseguiram atingir seus objetivos financeiros. Tenho certeza que só através da educação conseguiremos atingir este objetivo."

@ativos.oficial

@ativos.oficial

Ativos Saúde Financeira

"O inimigo da felicidade é a soberba, porém o adversário da conquista é a crítica fundamentada."

Yuri Maresca

Capítulo 24

Novas tendências no mercado de investimentos

DELEGAR É UMA DAS MELHORES FORMAS DE ADMINISTRAR SEU TEMPO

Os investidores do futuro são pessoas que não querem perder o único ativo que trabalha por nós em sua natureza, o tempo. As redes sociais propagam conhecimento em segundos. Um vídeo de 15 segundos, ou um curso de 3 dias não especializa ninguém em um mercado tão vasto no Brasil. Talvez um de 60 horas seja o suficiente para te ensinar a escolher esses produtos e diversificá-los, mas como acompanhar o mercado e remanejar os portfólios?

Sem dúvidas exige dedicar a vida, mas espere... Investir é fazer o dinheiro trabalhar para você e transformá-lo em um excelente servo. Não é uma tarefa simples, felizmente existem profissionais capacitados para otimizar seu tempo e seus recursos.

Existem 3 formas de encontrar estes profissionais:

1. No banco - o gerente: "Vem para o banco você também." O banco é a maneira mais fácil de encontrar um profissional para te orientar. O primeiro contato que tive com o mercado de capitais foi em um banco brasileiro ao abrir uma simples conta poupança. A gerente afirmou que para as minhas condições seria necessário adquirir um seguro de vida do banco, para que aceitassem a minha abertura de conta. Pensando que era algo completamente normal, após a abertura da conta e pagamento do seguro, esperei 1 ano para cancelar a apólice, durante este tempo estudei sobre este mercado e compreendi que passei por um crime ético chamado "venda casada".

O problema das pessoas que viveram na época dos grandes bancos é terem se acostumado com o regime de produtos e relacionamento com o cliente, os quais os melhores são reservados para investidores de grande porte. O novo modelo de mercado financeiro exige do investidor ser livre do medo, impaciência e ganância. Para obter sucesso, é preciso aventurar-se de maneira segura, ou seja, o acompanhamento de gestores que entendam inclusive a sua cultura, e o seu perfil.

2. Na corretora - o assessor: O próximo profissional que você pode encontrar é um assessor para seus investimentos. É um profissional qualificado que entende muito do assunto e buscará as melhores oportunidades do mercado. Mas, ao longo do meu tempo de trabalho, percebi que o assessor não pode oferecer todos os produtos do mercado, somente os de sua corretora, limitando suas possibilidades. Ele entende todo o marketplace, mas não pode oferecê-lo com eficiência. Sua remuneração consiste em comissões de produtos, facilitando o conflito de interesses. Quando está em dois produtos de comissões diferentes, ele pode escolher o que rende melhor para sua assessoria, deixando seu cliente de lado.

Todos esses profissionais são excelentes, porém cada um tem a sua função como cada tecla de um piano. A música mais bela é a que utiliza as teclas com eficiência, criando uma linda melodia. O pianista da história é o consultor de investimentos, acessando o mercado para você e direcionando seus passos. Através de um consultor, você terá o melhor tanto do seu gerente do banco, quanto do assessor, com todo o mercado à sua disposição através de uma Fintech.

3. Na Fintech - o consultor: A nova tendência do mercado é um modelo que descentralize o monopólio da instituição, dê autonomia, facilidade, exclusividade ao cliente e principalmente, para todos os públicos. O modelo Fintech Consultoria trabalhará todas suas necessidades baseadas em uma estrutura:

- Frequência de contatos;
- Entrevista para entender seu momento;
- Analisar e desenvolver um plano de ação com a equipe;
- Ajudar você a colocar em prática;
- Monitorar sua realidade e sua carteira;

A consultoria pode ser dividida por dois profissionais: o consultor financeiro, ajudando você com um planejamento de vida, e o consultor de investimentos, exclusivo para a estratégia de renda. Nesse formato, seus recursos são geridos dentro da sua conta bancária, através de uma Asset (empresa que realiza a gestão dos ativos).

Nada melhor que reunir-se com o gestor e desabafar todas suas necessidades de renda, com uma gestão personalizada e abrangendo todo o mercado! Esta é uma das funções da Asset. Gerir seus recursos no mercado sem burocracia, basta assinar um termo de recursos de terceiros. É a ponte entre os investimentos e seu consultor da Fintech.

A INFORMAÇÃO É O ATIVO MAIS CARO DO MUNDO

Quanto você pagaria para prever o crescimento da Bitcoin daqui a dez anos? Provavelmente não precisaria se preocupar com dinheiro nem para os netos dos seus netos. Imagine que você trabalha em uma empresa de grande porte, como validador de operações, e fica sabendo que uma nova parceria milionária está para acontecer nos próximos três dias. Antes da empresa publicar a parceria, você comprou o máximo que pôde das ações dessa empresa, no dia seguinte a notícia tornou-se pública e suas ações valorizaram quase 15%. Seria brilhante se não fosse um crime previsto pela Comissão de valores mobiliários resolução 44, instrução que trata dos crimes relacionados ao uso de informações privilegiadas.

BlockChain: Neste mesmo exemplo, imagine que você possa trabalhar como validador autônomo de todas as empresas que quiser e em troca de cada validação que faz, recebe uma quantidade de dinheiro, mas você só ganha se validar antes que seus concorrentes, isso é o Blockchain. No exemplo, você seria o minerador, a empresa Bitcoin e as validações são todas as transações de bitcoin para outras moedas. Estas transações das empresas que usam Blockchain são públicas e ninguém consegue revogá-las, a menos que quebre todo o sistema de validações desde a primeira que existiu.

NFTs (Non-Fungible Tokens): O criador da rede social Twitter, vendeu seu primeiro tweet por R$ 15,9 mil, mas como foi possível vender um post? Aí que está, as NFTs são "non-fungible tokens", ativos não fungíveis. Imagine que um quadro em sua casa custe R$1.000,00 e você quer vendê-lo, não tem possibilidade de dividir esse quadro em quatro partes e vender cada pedaço por 250 reais, porque é um ativo não fungível. As NFTs são dessa forma, porém digitais. Por outro lado, ativos fungíveis são os que podem ser substituídos ou fracionados, como o dinheiro em cédulas. As Criptomoedas são um exemplo de ativos fungíveis, mas diferente das cédulas, são intangíveis, não palpáveis.

Mercado NFT: As melhores oportunidades estão para a indústria de jogos, que vendem itens colecionáveis. Os investidores compram e revendem mais caro como em um ambiente de bolsa. O investidor do futuro deve estar atento aos fundos de investimentos em jogos digitais modernos. Uma forma inovadora de monetizar designs, logomarcas, entre outros. A Nike comprou um estúdio de NFTs, provavelmente para desenvolver tênis digitais e vendê-los em simuladores da vida real, como o Metaverso.

Metaverso: Uma plataforma que teve sua primeira versão publicada em dezembro de 2021, o Horizon Words, voltada principalmente para interação de jogos. Imagine que você é um executivo brasileiro e precisa reunir-se com 3 sócios, localizados na Europa, Ásia e outro nos EUA. Até 2021 você faria uma vídeo-chamada via Google, por exemplo, vendo rostos, comunicando audiovisual 2D, porém em uma negociação, a gesticulação, postura, roupa e sensação de presença dos participantes influenciariam muito no resultado do acordo. No Metaverso, a chamada pode acontecer em 3D, todos sentados em uma mesa, com o escritório decorado para estimular a criatividade, ver os seus sócios, seus movimentos, ambiente, proporcionando uma reunião mais clara e eficiente, uma revolução no mercado. O investidor deverá atentar aos ativos internacionais em sua carteira, pois são uma ótima ferramenta para acompanhar as novidades deste mercado.

Investimentos internacionais: Com as tendências de investimentos, o investidor do futuro pode procurar aventurar-se nos ativos internacionais, e em ações diretas de empresas dos setores envolvidos nas novidades do Metaverso e desenvolvimento de tecnologia, como indústrias de captura e desenvolvimento 3D. Um exemplo seria a Matterport, ou de desenvolvimento de vídeo, como a Nvidia.

Uma última observação seria atentar-se para os Investimentos internacionais, pois costumam ser mais sólidos e diversificáveis, porque o mercado é mais antigo e pertinente que o brasileiro. Posições em moedas fortes como o dólar e o euro são importantes para uma carteira bem diversificada.

Para entender mais sobre estas novidades, convido-lhe a acessar as minhas redes sociais disponibilizadas no final deste capítulo.

"Todas as pessoas são únicas, por este motivo o mercado tem uma regulamentação rigorosa, e nenhuma informação específica de títulos neste capítulo são recomendações de investimento."

Yuri Maresca

Yuri Maresca é especialista em investimentos certificado pela ANBIMA, formando em ciências econômicas. Desenvolve a consultoria executiva especializada na estratégia de investimento.

Antes de ser consultor de investimentos, Yuri estudava para participar do oficialato da Marinha do Brasil, após muito estudo e algumas frustrações, visitou o Colégio naval e no diálogo com um tenente ouviu "nunca deixe este fogo sagrado apagar", o que significava a vontade de conquistar aquilo que se almeja. Foi quando descobriu o mercado financeiro com outros 2 amigos, Nicolas Brandão e Luan de Paula. Descobrindo seu propósito de vida com a força da fé cristã, decidiu carregar o comprometimento de tornar o mercado financeiro amistoso e benéfico para seus clientes e amigos.

(11) 94155-8289

yurimaresca1@gmail.com

monocard.com.br/u/yurimaresca

Italo-Brasileiro

linkedin.com/in/maresca-finanas/

"A melhor forma de entender sobre esta nova e disruptiva tecnologia é começando aos poucos. Apenas o jogo te ensina o jogo."

Gustavo B. Sisti

Capítulo 25

Bitcoin, Criptoativos e Blockchain

A MAIOR REVOLUÇÃO TECNOLÓGICA MUNDIAL DESDE A INVENÇÃO DA INTERNET

A primeira assim chamada "*criptomoeda*" surgiu em 2009 por algum matemático, criptografista e ao mesmo tempo programador. Com o pseudônimo "Satoshi Nakamoto", este profissional anônimo escreveu o documento técnico da BITCOIN (white paper), porém pesquisas sobre estilismo linguístico apontam o criptografista amerano-hungaro Nick Szabo como o real criador da BitCoin com a publicação intitulada "*Bitcoin, Um Sistema Monetário de Dinheiro Eletrônico Ponto a Ponto"*, que está publicamente disponível na Internet. Satoshi, Nick Szabo ou quem quer que tenha criado a Bitcoin, está no rol dos maiores gênios que a humanidade já conheceu.

O mundo estava começando a recuperar-se do grande *crash* de 2007-2008, já que a "Credit Crisis" ou "SubPrime" levou o mundo à uma recessão. A enorme alavancagem dos bancos de investimentos (Lehmann Brothers, Bear Stearns, Merryl Lynch, etc.), desregulamentação excessiva dos mercados de derivativos (USA e outros), alavancagem irrestrita e criação de estruturas financeiras complexas - os chamados derivativos e securitizações exóticas - podem ser servidos como um incentivo e uma reação de "Satoshi" aos malabarismos de Wall Street e dos mercados.

Em termos simples, Bitcoin é uma "moeda" eletrônica que possui muitas características disruptivas que elencamos para o entendimento de seus pilares (alguns itens mais técnicos foram deixados ou simplificados para facilitação do entendimento).

- Foram emitidas apenas 21 milhões destas moedas. É impossível emitir mais.
- As moedas, na verdade, são grandes códigos criptográficos que devem ser validados "liquidados, mineirados" para poder mover-se

de uma carteira à outra sem que estas operações contenham falhas. Um exemplo é o código criptográfico da primeira Bitcoin criada (mineirada): 000000000019d6689c085ae165831e934ff763ae46a2a6c172b3f1b60a8ce26f.

- Cada moeda pode ser quebrada até a oitava casa decimal. Assim, não é necessário enviar ou receber números inteiros de moedas. Por exemplo, não é necessário comprar 4 Ethers (a criptomoeda da rede Ethereum), pode-se transferir por exemplo 0,23451239 moedas de uma carteira para outra.
- Ninguém é "dono" da Bitcoin como um todo, de forma a controlá-la como se fosse um Banco Central, mas somente aqueles que a possuem em sua carteira digital.
- Ninguém pode controlar sozinho o valor da moeda, a não ser que seja dono de uma grande quantidade delas, o que é muito difícil, caro e arriscado. Se alguém tiver grandes quantidades, o mercado irá identificar a concentração e derrubar o preço.
- Toda e qualquer transação é pública e fica guardada, empilhada, de forma permanente, em um livro aberto na rede pública (um *public ledger*) – a Blockchain - no qual qualquer pessoa ou computador pode ter acesso. Este livro de transações é público e acessível desde a primeira transação em 2009. Assim o acesso é também a todas as outras criptomoedas, tokens e qualquer outro ativo digital.
- Este "livro-caixa" público, com todo o histórico de transações, é a "BlockChain" (ou cadeia de blocos criptográficos).
- As transações, embora públicas, não são passíveis de descobrir-se como e quem fez, pois ao invés de um CPF, são identificadas por meio de um código (*hash*) da carteira. Uma carteira envia uma certa quantidade de moedas para outra carteira sob um código. Apenas sabe-se os códigos da carteira de quem envia, quem recebe e a quantidade de moedas.
- É impossível, estatisticamente, romper ou adulterar este registro público de transações. Para isto o poder computacional necessário é incomensurável e seria extremamente caro.
- Não há um banco central ou instituições financeiras que tenham o controle da liquidação das operações. Cada casa, cada notebook, cada celular, cada pessoa ligada na internet tem a capacidade de fazer a verificação de uma transação e "validá-la"

publicamente de forma totalmente independente, confidencial e descentralizada.

- Uma transação pode ser verificada independentemente por 15 a 30 validadores aleatórios ao redor do mundo. Enquanto não houver um consenso sobre a operação estar correta e "validada", a operação (envio-recebimento) das moedas não é autorizada.
- Não há "lastro" para as moedas. Não tem ouro, terras, governo, etc. garantindo a recompra ou troca da moeda por outra moeda, seja eletrônica ou seja FIAT (moedas fiduciárias como real, dólar, euro e francos suíços). O valor relativo de cada moeda está no que os milhões de detentores, operando 24 horas por dia, decidem que vale. Da mesma forma que as moedas fiduciárias - FIAT - tem como lastro a garantia dos governos pagarem suas dívidas ou emitirem inflacionariamente mais moedas. Por exemplo, estima-se que cada americano já nasce devendo por volta de USD 80 mil, que é a dívida per capita federal do país.
- Como são transações entre computadores espalhados pelo mundo, o mercado cripto está aberto 24 horas por dia, 7 dias por semana, 365 dias por ano.
- Se a moeda começar a subir, não há como impedir esta subida, a não ser que entrem vendedores. O mesmo vale para as quedas.
- Você pode enviar o equivalente a bilhões de dólares em bitcoin ou outro criptoativo para uma carteira a qualquer tempo, ao custo de centavos por transação, e de forma "100%" segura.
- Assim como a força deste sistema público e das validações de transações é seguro, ao mesmo tempo as operações são irreversíveis. Não é possível ligar para um gerente de banco, reclamar ao Governo, etc., se você errar o endereço de destino ou você perder/dar as senhas de sua carteira para alguém desconhecido. Seja 0,000000001 Ether, seja bilhões em Bitcoins.

E porquê os ativos digitais e a technologia Blockchain representam uma revolução tão grande na economia, nas finanças, na sociedade, no Capitalismo? Porque muitos setores da economia estão sendo afetados, vamos a alguns exemplos:

- **Stalking**: E se você pudesse emprestar as suas moedas digitais à juros de 5% a 200.000% ao ano? Este é o *stalking*, deixar as suas moedas emprestadas por um determinado período de tempo e receber os juros depois.

- **NFT**: Tokens não fungíveis: é a transformação de ativos reais em uma única cópia digital que não pode ser clonada ou pirateada. Obras de arte feitas em computador podem ser leiloadas, vendidas, revendidas, com total certificação de origem e unicidade. Podem ser obras de 1 dólar até leilões de uma obra de arte do artista digital Beeple por 69 milhões, na empresa Christie´s. Uma fazenda pode ser tokenizada e vendida ou dada em garantia. Assim, pode-se pensar que os cartórios (notários) e suas taxas não serão mais necessários.
- **METAVERSO**: Imagine colocar um óculos 3D, entrar em um supermercado digital, pegar um carrinho virtual e passear pelas prateleiras. Pegar uma garrafa de vinho em suas mãos digitais, olhar rótulo, safra, preço, tipo de uva e colocar no seu carrinho, assim como todos os produtos. Com seu carrinho cheio, apenas dar um OK e já são debitadas as moedas digitais de sua escolha e a compra chega em minutos na sua casa, fisicamente. A companhia WalMart já iniciou a construção de seus mercados no Metaverso.
- Outro bom exemplo é comprar um terreno virtual ao lado da casa de uma celebridade e a encontrar passeando? Seu terreno poderá valorizar e muito.
- **DEFI e DAPPs**: Finanças e Aplicativos Descentralizados. Imagine empresas virtuais, onde os donos são todos aqueles que possuem algum pedaço de seus tokens, que seriam as ações no mundo real. Tal empresa realiza tarefas específicas no mundo virtual, como emprestar a juros, operar, comprar e vender ativos. As assembléias de acionistas são frequentes e as decisões são por votação.
- **Jogos NFT**: Um jogo onde você ganha pelo simples fato de jogá-lo. Você pode comprar aparatos para melhorar sua performance, vender, subir de nível. São ganhos reais em jogos virtuais.

A melhor forma de entender sobre esta nova e disruptiva tecnologia é começando aos poucos. "*Only the Game teaches you the Game*". Abra uma conta em uma corretora renomada, instale uma carteira pessoal no seu celular mas tenha cuidado com as regras de segurança.

Para finalizar, dá uma olhadinha no token que criamos, a "SOJA-COIN". Ela está baseada na BLOCKCHAIN BSC (Binance Smart Chain), com o *hash "0x21b5ac7092294d2c950342766234fe5a26f7b7e5", e pode ser comprada ou trocada na bolsa de trocas "PancakeSwap".*

Bons lucros !

Gustavo B. Sisti

É marido de Mônica e pai de Brenda, Raul e Maria Luiza. Graduado em Engenharia Civil pela Escola Politécnica da USP, é Bacharel em Teologia pela FABI – Faculdade Batista Interdenominacional, e Mestre em Economia, com ênfase em Finanças, pelo INSPER SP.

Possui passagem pelo mercado financeiro, trabalhando com o Bank of America e Itaú, nas áreas de tesouraria, mesa de operações e riscos. Também tem experiência na área do Agronegócio trabalhando em grandes empresas do Agronegócio Global, como FIBRIA, BUNGE, TOYOTA TSUSHO e EUROCHEM, implementando e liderando departamentos de Gestão de Riscos, Crédito e Seguros.

É professor da B3 desde 2015, nas cadeiras de Renda Variável, Renda Fixa, Derivativos, Gestão de Riscos e Opções Vanilla e Exóticas. Atualmente leciona na Saint Paul Escola de Negócios e no MBA da XP, a XPEED School.

Ajudou a fundar a AGRIPLACE, uma Startup com foco na maximização de margens, otimização de riscos e Trading Systens do AgroNegócio.

Ultimamente fascinou-se pela tecnologia e teoria da Blockchain. Assim, ajudou a fundar a INOVACOIN, empresa focada em Mineração Sustentável de CriptoMoedas, Tokenização e Gestão de Riscos.

Filho do Deus Altíssimo e humilde servo do nosso Senhor Jesus, é um fascinado pelo avivamento de Gales e pela ação do Espírito Santo nos dias atuais.

gustavo.sisti@gmail.com

(11) 97140-1965

Twitter: @gustavo_b_sisti (gutango)

@gbsisti (gutango)

@gustavo.b.sisti

"...que sua determinação possa lhe abrir
o caminho da construção de Equity
para muito além do universo
de *startups*."

Dijean Cardoso

Capítulo 26

O Poder do Equity

Em dezembro de 2021, tivemos a abertura de capital na Bolsa de Nova York do Nubank, *fintech* brasileira fundada por David Vélez e Cristina Junqueira. O "Roxinho" foi avaliado em US $41,5 bilhões, cravando sua marca como uma das mais valiosas dentre os bancos da América Latina. Mas como explicar que a mesma empresa que reportou um prejuízo de US$ 99,1 milhões em setembro de 2021, também foi percebida por investidores apontando valor maior do que instituições como BTG Pactual (com lucro de US$ 339 milhões), XP Inc (com lucro de US$ 778 milhões) e Itaú, maior banco privado do Brasil, (com lucro de US$ 1,12 bilhões) no mesmo período?

A resposta mais provável a esse questionamento é o que podemos chamar de *Equity*.

Equity, embora possa ser traduzido como "patrimônio", pode ser interpretado como o **potencial** valor gerado por uma companhia, dadas as possibilidades de crescimento futuro de seus resultados. Em outras palavras, a empresa ainda não provou ser capaz de gerar essa receita no presente, mas tem potencial para que, ao longo dos anos, mantenha suas taxas de crescimento, e a sua base de clientes continue fiel, consumindo produtos e serviços derivados da marca principal, de modo que seja possível haver uma projeção de lucros consistente, compelindo investidores a comprar participações dessas empresas por valores muitas vezes exorbitantes.

Esta análise é feita para podermos compreender qual o valor justo a ser pago para se tornar sócio de uma empresa como esta - este valor é conhecido como *valuation*. O estudo pode ser realizado de diferentes formas e a mais comum é com base no lucro gerado pela companhia, de modo a se considerar ao menos 10 anos de crescimento de lucros constantes, descontada a taxa livre de risco da economia, SELIC, e os riscos inerentes ao mercado.

Exemplificando: um comércio local, seja uma padaria, supermercado ou mesmo a lanchonete perto da sua casa, pode ser vendido tendo seu preço estimado a partir do faturamento mensal do negócio, ou seja 3/6/12 vezes o lucro mensal, de tal modo que o próprio lucro do empreendimento se somará ao valor pago pelo negócio.

Quando falamos de Equity, estamos nos concentrando apenas em empresas que sejam capazes de apresentar previsibilidade de geração de lucro futuramente , seja pelo voraz crescimento de sua base de clientes ou pelas possibilidades de aumento da lucratividade por cliente/usuário. Trazendo para a nossa realidade, como nós podemos participar e lucrar com isto?

Existem 4 caminhos principais para se investir em Equity:

1- Como empreendedor, buscando oportunidades de ganho de escala, com melhoria de processos e redução de custos. É preciso um diferencial competitivo capaz de eliminar boa parte da concorrência para que seu produto ou serviço não se torne comum ao seu nicho.

2- Como Investidor Anjo, aportando não apenas recursos financeiros, mas principalmente capital intelectual, rede de *network* e expertise de mercado, fatores essenciais para alavancar o crescimento e que deixa cada vez mais evidente aos futuros acionistas o valor que a companhia é capaz de gerar ao longo dos próximos anos. A isso se dá o nome de *smart money.*

3- Através de fundos de investimentos especializados, identificando oportunidades de negócio escalável e que por meio da expertise do time de gestão do fundo, a empresas atinjam níveis superiores de geração de caixa, atraindo olhares de investidores comuns para o potencial de crescimento.

4- Por meio da Bolsa de valores. Aqui a empresa já provou ao mercado sua capacidade e sai em busca de novos recursos financeiros para aumentar sua receita, fazendo uso do capital da oferta pública inicial de ações (IPO) para maximizar o valor das ações.

De modo prático vamos explorar agora cada uma dessas possibilidades:

1º - É possível que gerar equity em seu negócio soe como algo distante, mas vou dar um exemplo interessante: em 1957, dois irmãos adquiriram uma pizzaria em um bairro do Michigan (EUA) com 900 dólares, que eram todas as suas economias. Para aumentar a qualidade de seu produto, visitavam concorrentes e buscavam entender o que mais seus clientes gostavam nas pizzas deles, para assim trazer mais satisfação à clientela e por consequência fidelização à sua marca. Obtiveram sucesso quanto a isso, contudo não havia espaço para comportar todos os clientes e eles não tinham dinheiro para alugar um local maior. De modo criativo lançaram o serviço de entrega, uma inovação para a época. Rapidamente aumentaram o faturamento de modo vertiginoso: em 1965 já tinham 3 unidades próprias e rebatizaram a rede, dando o nome de Domino's Pizza, atualmente a maior rede de pizzarias do mundo, com valor de mercado de US$ 15,63 bilhões.

2º - Se tornar um investidor anjo pode ser bem mais simples do que parece. Certa vez ao participar de um grupo de *network*, conheci a proposta de uma startup que se propunha a implantar educação financeira nas escolas, de modo a modificar o perfil comportamental financeiro da família brasileira. Por se tratar de um assunto de meu extremo interesse, convidei Bruno Lewis, CEO da Forme Educação, para um bate-papo no qual ele explicasse melhor o seu modelo de negócio, a fim de identificar oportunidades de sinergia entre nossos negócios. Nesse encontro, eu soube que a Forme passaria por uma rodada de investimentos com o objetivo de captar recursos para acelerar seu crescimento. Em nossa reunião de apresentação fiquei convencido de que estava diante de uma oportunidade única. Mesmo não dispondo dos recursos necessários, me propus a ofertar meus conhecimentos, experiências, minha rede de contatos e meu empenho. Dessa forma, me tornei investidor e sócio da Forme com a participação 10 vezes menor que o mínimo exigido para a rodada de investimentos daquele momento.

3º - Para que uma empresa acesse o mercado de capitais, há um longo caminho a ser percorrido. É preciso validar o modelo de negócio e profissionalizar a gestão da empresa, otimizando sistemas e inserindo-se em novos mercados. Para auxiliar e dar velocidade a esse processo, muitas empresas são procuradas por assessores de fundos de investimentos em Private Equity e Venture Capital. Esses profissionais possuem expertise necessária para acelerar o crescimento da empresa, pois junto com o investimento financeiro trazem consigo um time de especialistas capaz de multiplicar ainda mais os resultados. De modo semelhante ao investidor anjo, mas com uma estrutura muito mais robusta, captam recursos de investidores com interesse nas teses apresentadas e convertem esse capital em recursos para as empresas de acordo suas necessidades, além de acompanhar e reportar aos cotistas o desempenho de cada uma das empresas que compõem o portfólio.

O que julgo mais interessante nesse tipo de investimento, é a possibilidade de entender o negócio com os olhos do empreendedor. Existem alguns pré-requisitos regulatórios para acessar esse tipo de investimento, como por exemplo ser um investidor qualificado e possuir perfil sofisticado.

4º - Chegamos por fim ao modo mais prático de se investir em Equity que é por meio da Bolsa de valores. É preciso abrir uma conta em uma corretora e se identificar como um investidor sofisticado, pois embora seja possível resgatar seus investimentos em até 2 dias, na Bolsa os que mais se beneficiam da valorização das ações são os que possuem a cabeça de sócio. Embora neste estágio não seja possível contribuir diretamente com o negócio como nas etapas anteriores, é possível através de balanços e fatos relevantes, entender os possíveis rumos que a companhia pode tomar e aumentar sua participação em momentos de crise, pois aqueles que não estudaram a fundo a empresa e vendem suas ações nos momentos de baixa, trazem confiança ao acionista de que certos acontecimentos não irão interferir a longo prazo no resultado das empresas.

Busquei com estes breves relatos abrir os seus olhos para as oportunidades que o rodeiam no dia a dia, e que, por muitas vezes, pensamos estarem distantes da nossa realidade. A partir dessa leitura, conecte-se com pessoas e ambientes em que essas oportunidades aflorem em cada conversa, que sua determinação possa lhe abrir o caminho da construção de Equity para muito além do universo de startups.

Dijean Cardoso

É, assim como você, filho amado do criador.

Sócio na Forme Educação, e assessor de investimentos no BTG Pactual, junto com a Perspective Investimentos.

Cursou Engenharia, Marketing e Mercado Financeiro no SENAC, atualmente atua ajudando investidores a realizarem as melhores escolhas de investimentos. Dijean está plantando sonhos e caminhando junto com todos aqueles que são capazes de traçar seus próprios caminhos, a fim de tornar a vida das pessoas que amamos um pouco melhor.

@dijean.cardoso

dijean-cardoso

"Todos nós temos uma veia empreendedora que precisa ser colocada em prática, é através de uma possível renda extra que descobrimos verdadeiras habilidades."

José Gomes Pereira Júnior

Capítulo 27

Renda extra: multiplique seus rendimentos

Procurar formas de fazer renda extra é sempre uma das primeiras opções quando o dinheiro acaba antes do fim do mês ou quando você está precisando ganhar dinheiro mais rápido para lidar com imprevistos. Assim, sem uma reserva de emergência e uma vida financeira estável, a necessidade de ganhar dinheiro extra acaba sendo uma realidade comum em muitas famílias.

Não podemos mentir e dizer que é fácil fazer renda extra. É necessário ter um bom estudo das possibilidades e estar disposto, muitas vezes, a investir tempo e dinheiro, além de considerar que o retorno é proporcional ao risco. A boa notícia é que, embora seja difícil, não é impossível. Todos nós temos sonhos, mas às vezes o dinheiro que recebemos pelo nosso trabalho integral simplesmente não é suficiente para pagar todas as contas e, ainda assim, realizá-los.

Se esse é o seu caso, que tal mudar esse cenário ao encontrar fontes de renda extra? E não, não estamos falando de trabalhos temporários mecânicos ou repetitivos – que é a associação que muita gente faz quando se fala nesse assunto e já desiste sem nem começar. Estamos falando de outras formas de ganhar um dinheirinho a mais todos os meses, principalmente por meio de fontes de renda extras online, baseadas no trabalho remoto.

É possível encontrar uma ocupação extra que não só dê um bom retorno financeiro, mas que também seja criativamente libertadora. Uma boa forma de gerar renda extra é criar um negócio próprio – e você pode até abrir um negócio sem largar do seu emprego fixo. Hoje em dia, as melhores ideias nesse sentido são as que têm potencial de gerar renda na internet – um valor a cerca de mil reais por mês (ou mais!).

A ideia de poder cultivar uma segunda renda dessa natureza e ainda assim conservar o emprego fixo, tem conquistado um número cada vez maior de pessoas. Embora essa ideia seja atraente para muitas pessoas, é sempre bom lembrar que o processo não é necessariamente simples. De modo geral, uma ocupação extra pode ser definida como qualquer atividade ou ocupação remunerada que é realizada fora ou além do horário do seu trabalho fixo". Isso significa que um emprego de meio período como motorista de Uber ou uma renda gerada pelo aluguel de um quarto no site *Airbnb* também são vistos como fontes de renda extra.

No entanto, nem todas essas ocupações são necessariamente lucrativas. Um emprego de meio período pode gerar bons rendimentos durante alguns meses mais movimentados (durante as festas de final de ano, por exemplo), mas dificilmente é algo que se sustenta o ano todo. Da mesma forma, apps como o Uber geralmente possuem estruturas de pagamento criadas para minimizar o lucro daqueles que estão fornecendo os serviços. Se seu objetivo é encontrar ideias de negócios lucrativos, é necessário procurar além dos empregos de meio período e dos apps com ocupações autônomas. As melhores fontes muitas vezes são aquelas que proporcionam maior flexibilidade, mais espaço para crescimento profissional e, de quebra, rendimentos lucrativos.

Existem três perguntas importantes para quem está buscando uma fonte de renda extra:

1. As ideias que você tem para gerar essa renda são compatíveis com o seu trabalho?
2. Essa fonte extra de renda refletirá suas paixões ou interesses?
3. A ideia de ter uma renda extra é financeiramente viável?

A grande maioria das fontes desse tipo de renda não costuma gerar grandes rendimentos logo "de cara", até porque, muitas vezes, o foco inicialmente está em ajustar e otimizar o produto ou o serviço e conquistar novos clientes. Por isso mesmo, é importante não só manter os custos iniciais em um patamar relativamente baixo, mas também verificar como a ideia vai se comportar na prática. Em outras palavras: você não precisa se preocupar em gerar lucros logo nos primeiros dias, semanas ou até meses do seu negócio. Mas, assim que você começar a progredir e a gerar mais renda é essencial que você saiba especificar e avaliar quanto custa (em tempo e dinheiro) conquistar um cliente e realizar uma venda, pois este é o primeiro passo para transformar esforço em fonte de lucro.

O que fazer? Aqui trago três ideias que estão super em alta:

1. Crie designs próprios para um negócio de impressão sob demanda.

O modelo de impressão sob demanda é uma maneira divertida e economicamente segura de trabalhar com a criação e a venda de designs e desenhos exclusivos – e, claro, gerar renda extra. Aplicativos como o *Printful* e o *Printify*, simplificam o processo de *upload* e impressão de designs em produtos como camisetas, canecas, bolsas, almofadas e muito mais, possibilitando a importação quase que instantânea de novos produtos para sua loja virtual. A melhor parte é que você só paga pela fabricação do produto quando ele for vendido, o que elimina a necessidade de estocar fisicamente os itens: assim que o cliente realiza a compra, o produto é fabricado e enviado pelo seu fabricante.

Esse modelo também confere a você, lojista, mais tempo livre para se dedicar a outros aspectos relevantes da sua loja virtual: a criação de novos designs, a elaboração de novas estratégias de *marketing* e muito mais. Além disso, a falta de um estoque físico também acarreta menos custos mensais, o que pode ser incrivelmente positivo para o fluxo de caixa da sua loja virtual.

2. Abra uma loja de *dropshipping* e garanta sua fonte de renda extra online.

Se você gostou da ideia do modelo de impressão por demanda, mas não tem o talento ou a habilidade para criar designs próprios, que tal trabalhar com *dropshipping*? Este é outro modelo de negócios incrivelmente lucrativo, no qual fornecedores terceirizados ficam responsáveis pela fabricação, processamento e envio d produto. Nessa configuração, a sua responsabilidade fica totalmente centrada nas estratégias de marketing, na presença da marca nas redes sociais e no cultivo de um bom atendimento ao cliente.

Tal como o modelo de impressão sob demanda, o *dropshipping* é uma oportunidade de baixo risco financeiro, já que os produtos são enviados apenas depois de serem comprados pelo cliente final. Você também pode fazer isto em marketplaces, e em plataformas como Amazon e Mercado Livre, para alcançar mais clientes. Também é de responsabilidade do lojista encontrar o nicho ideal e o produto certo para vender, conquistar e fidelizar novos clientes e, claro, buscar parceiros para novas campanhas de publicidade. Sem preocupações como *design* e desenvolvimento de produtos, dropshipping é uma ótima opção de renda extra para quem está interessado em aperfeiçoar suas técnicas de *marketing*.

3. Monte um curso virtual

Qualquer processo de aprendizado envolve uma boa dose de pesquisa, disposição, tempo e interesse – e não é todo o mundo que está disposto a passar por isso. No entanto, você certamente já cultiva um bom conhecimento de alguma área de estudo (ou se especializou em alguma atividade específica). Por que não transformar esse conhecimento numa fonte de renda?

Plataformas de ensino virtual como a Udemy e a Coursera, têm ajudado a conectar professores e alunos, e a melhor parte é que você pode transformar absolutamente qualquer conhecimento em renda extra. A melhor parte de dar aulas *online* é que o assunto do seu curso fica por conta do seu conhecimento e imaginação. Você é especialista em história do Império Romano? Ótimo, crie um curso sobre isso. Já trabalhou como apicultor? Compartilhe dicas, experiências e estratégias.

Há sempre alguém interessado em saber mais sobre alguma área de conhecimento – e, se você souber como converter o seu saber em um formato agradável e interessante, poderá ganhar um bom dinheiro.

Ainda existem diversas formas e ideias de ganhar dinheiro através de uma renda extra, porém, sempre faça uma análise dos prós e contras da ideia de negócio, tentar minimizar possíveis erros pode acelerar o potencial de ganhos. Mas de uma coisa tenho certeza, todos nós temos uma veia empreendedora que precisa ser colocada em prática, e é através de uma possível renda extra que descobrimos verdadeiras habilidades.

José Gomes Pereira Júnior

Formado em Administração de Empresas, possui MBA em Gestão Estratégica de Pessoas, MBA em Gestão Bancária e Mercado de Capitais e MBA Executivo em Finanças pelo IBMEC. Certificado pela Anbima na CPA 10 e CPA 20. Aprovado no exame da ANCORD.

Profissional com ampla vivência no mercado financeiro, atuando nos segmentos de pessoa física e jurídica de micro, pequeno e médio porte. Possui experiência de mais de 10 anos em gestão de times de alta performance, atuando em formação de times, gestão por influência, gestão de times remotos e digitais, alinhamento, engajamento e consolidação da cultura institucional. Experiência na construção de projetos estratégicos, melhorias de processos e produtos com mindset customer centric. Tem vivência nos mercados de Pernambuco, Rio Grande do Norte e Alagoas. É empreendedor, atua em diversos nichos de mercados, gerando renda extra de forma recorrente.

(84) 99695-8100

@josegomesjr_

josegomespjunior@outlook.co

"Conhecer-se emocionalmente é tão importante, até mais do que o comum, quanto aperfeiçoar-se tecnicamente."

Ronaldo Lobo

Capítulo 28

O poder da recompensa financeira

Dinheiro é um assunto que mexe com a gente, né? Espero que você esteja sentado porque o que vou falar agora pode te assustar um pouco.

Nós não somos seres racionais. "O que, como assim?" É isso mesmo que você leu. Nós seres humanos tomamos nossas atitudes baseadas em nossas emoções, 82% para ser mais exato. Isso nos torna mais seres emocionais do que seres racionais. Achou que eu estava te chamando de burro, né?

"E o que isso tem a ver com a Recompensa Financeira?" Tudo. Pois se suas decisões são baseadas em emoções, significa que as recompensas que você busca são puramente emocionais.

Falando de emoções, algumas se sobressaem na hora em que fazemos uma escolha, como: felicidade; paz; prazer; luxúria; medo; medo da pobreza e perda de saúde; velhice e morte. E apesar de você estar querendo algo bom para você, não é sempre que você faz suas escolhas tendo uma emoção boa na cabeça naquele momento. Pelo lado positivo, alegria e prazer são as que mais influenciam. Pelo lado negativo, o medo da pobreza e o medo da morte se destacam também. Pare e pense agora quantas vezes você já fez algo baseado nessas quatro.

"Ainda estou sem entender." Calma que já chego lá.

Para explicar melhor vou mais fundo no assunto. Nosso cérebro é dividido em três partes:

1. Consciente (racional, analítico, funcional e onde despertamos a força de vontade);
2. Subconsciente (emoções, hábitos, autopreservação, mente preguiçosa e onde ficam as memórias definitivas);
3. Inconsciente (Sistema nervoso, autônomo e imunológico).

Qual destes você considera mais importante para um Investidor? Consciente? Parabéns, você errou.

Já dizia Morgan Housel em *A Psicologia Financeira*, "A Inteligência Financeira tem menos a ver com a sua inteligência e mais a ver com seu comportamento." Ao saber disso, percebe-se que controlar nossas emoções é o mais importante. E já que nossos sentimentos ficam no subconsciente, onde também se encontram os hábitos, é nele que vamos trabalhar no momento. Pois a busca pela recompensa está diretamente ligada aos nossos hábitos, que para mim, é a força mais poderosa do Universo. Se você não os controlar, será dominado por eles.

"E como funciona um hábito?"

Através de um ciclo de três partes, como explica Charles Duhigg em O Poder do Hábito.

1. Deixa – É o start para você iniciar o processo do hábito.
2. Rotina – É o que você faz.
3. Recompensa – É o que você busca (e o nosso foco).

Para você entender melhor vou contar um exemplo meu. Eu tinha o péssimo hábito de comer só por comer. Simplesmente só porque via comida. "E o que você fez para mudar isso?" Primeiro tenho que explicar uma coisa, quando estamos tratando de um hábito, saiba que você não pode excluir ele, mas você pode transformá-lo. Ao perceber que eu tinha um mau hábito de alimentação, comecei a identificar os três aspectos dele. E descobri isto:

1. Deixa – Quando eu via comida por perto.
2. Rotina – Comer.
3. Recompensa – Sensação de alívio.

Depois que identifiquei esses três, foi fácil mudar porque eu sabia onde agir. Para você, onde é o ponto principal para transformar um hábito? A Deixa? Isso aí, errou de novo.

Na verdade, não existe uma resposta certa. Para cada hábito há uma forma diferente de lidar. Quando eu corrigi esse hábito, primeiro identifiquei qual era a rotina e qual a recompensa que eu buscava. Depois identifiquei a deixa, o que fazia eu ter a atitude de comer sem precisar.

Ao perceber que eu comia só porque via a comida, a primeira coisa que fiz foi esconder a comida. Comecei a por dentro dos armários e na geladeira ao invés de deixar exposta. Você acha que funcionou? Claro que não. Porque eu ainda tinha que resolver o problema da sensação de alívio. E isso foi mais simples do que você imagina. Toda vez que sentia vontade de comer eu bebia água. Depois disso começou a dar certo. Demorou um tempinho, mas funcionou. Obviamente, de vez em quando eu como umas besteiras, mas faço conscientemente.

Bem, agora que já entendemos como funciona os hábitos, e sua ligação com a recompensa, vamos falar dela quando o assunto é dinheiro. Ao investir seu dinheiro ou ao comprar alguma coisa, é por algum motivo que você faz isso. Ninguém simplesmente investe só por investir, ou compra só por comprar. Existe um porquê nisso.

Vamos fazer um teste!

1. Anote agora, em um papel, três situações nas quais você comprou por impulso.
2. Memorize qual era o seu sentimento na hora em que usou o dinheiro. Bom, primeiro passo concluído. Você já identificou qual era a recompensa que você buscava ao gastar. Agora lembre o que você estava fazendo. Estava em casa? Com amigos? Alguém te impulsionou? Anote todos os detalhes. Estou fazendo isso para que você descubra qual a rotina que fez você gastar o dinheiro. Esse é o segundo passo.
3. Pense no que fez você chegar a esse momento. Você viu ou escutou alguma coisa antes de comprar? Sentiu um cheiro? Ou foi uma sensação que despertou isso? Conseguiu identificar? Seja bem detalhista nessa parte.

Pronto, agora você já tem uma noção do que faz você usar seu dinheiro.

"E no que isso vai me adiantar?" Você ainda não percebeu? Se você sabe o porquê usa seu dinheiro e o que busca ao usá-lo, é só usar isso a seu favor. Lembra que eu disse que não podemos mudar um hábito, mas podemos transformá-lo? Vou dar um outro exemplo meu sobre isso.

Todo mês eu invisto 20% do que ganho. Isso é por eu ser disciplinado? Também, mas não é só isso. É porque já criei o hábito. E a minha recompensa é ver meu patrimônio crescer. Isso me traz prazer. Antes o que eu fazia para ter prazer era comprar coisas materiais, hoje eu invisto. E continuo com a mesma recompensa.

Percebeu o que eu fiz? Eu não cancelei o hábito de gastar, mas transformei-o no hábito de investir. Isso eu consegui porque tenho a mesma recompensa. Agora que você já sabe todo o passo a passo, é a sua vez de transformar-se.

"Então acabou? É só isso?" Não. Agora vamos tratar sobre a sensação da recompensa quando ela é conquistada, e o poder que ela tem no nosso dia a dia. O que você acha que faz muitas pessoas desistirem ou manterem-se firmes em seus projetos? As recompensas? Parabéns agora você acertou. Já estou vendo a transformação em você.

Pois é, ter ou não recompensas, pode ser um solavanco no seu objetivo, ou um balde de água fria. Como somos seres emocionais, tudo está interligado com nossos sentimentos, e isso pode ser extraordinário ou doloroso. Analisando primeiro o lado negativo, já foi estudado que a falta de recompensa, ou quando ela não responde nossas expectativas, pode gerar a depressão. Pois nem todos sabem lidar com uma tristeza profunda. Ainda mais quando se trata de algo que se espera muito. Já quando você recebe recompensas positivas, mesmo que pequenas, mas constantes, isso te fará ter mais energia para focar no que quer. Além de te dar a sensação de prazer quando o objetivo for conquistado.

"O que eu faço então?" Imagine que você quer realizar uma viagem em dois anos. Se você apenas ficar se sacrificando e juntando dinheiro, é provável que desista logo no primeiro ano. Você passaria muito tempo se abdicando do que gosta para uma expectativa futura. Então ao invés de se sacrificar por dois anos, tendo estresses diários por não conseguir fazer o que gosta, você poderia prolongar o prazo da viagem principal, e colocar pequenas viagens nesse meio. A sensação de alegria faria você continuar com foco no objetivo principal. Pois você já teria em mente que vale a pena o esforço.

O mesmo vale para quando seu propósito são os investimentos. Seja constante, mesmo que no começo seja pouco. É essa constância que irá aumentar seu patrimônio e fará você ter ganhos maiores no futuro, dando a você a sensação de ser livre financeiramente. E durante essa caminhada, comemore os ganhos dando-se pequenas recompensas. Como passear com amigos, comprar uma roupa nova, entre outros.

Então se você busca alcançar uma meta, dê-se recompensas durante esse processo. Isso irá reforçar sua motivação e seu ânimo para persistir. Esse é o verdadeiro poder da recompensa financeira.

Vamos a um pequeno exercício:

1. Qual será a recompensa que você terá ao realizar sua meta financeira esse ano?

____

____

____

2. Quais as próximas recompensas que você busca?

____

____

____

Ronaldo Lobo

Cristão, filho de Ronaldo e Adriana, nascido no Rio de Janeiro, casado com Fabiana, e atualmente Sargento do Exército. Ronaldo é um amante da Educação Financeira.

Estudante do assunto desde 2015 quando teve contato pela primeira vez. Durante esses sete anos de estudo realizou cursos dos maiores Educadores Financeiros do país, como Gustavo Cerbasi, Nathália Arcuri e Thiago Nigro. O que aprendeu com essas pessoas não há dinheiro que pague. Também realizou o Curso de Formação de Assessores de Investimento na XPeed School (plataforma de educação financeira da XP Investimentos), considerada a maior plataforma de ensino financeiro do país.

"Meu propósito, como todos autores deste livro, é mudar e transformar a vida das pessoas."

Meu perfil no Instagram, @DinheiroeCultura, tem ajudado centenas de pessoas todos os dias. Siga e mande a mensagem no direct, "Sou parte da Alcateia". Saberei que você veio deste livro.

@DinheiroeCultura

dinheiroecultura@gmail.com

Anotações

Anotações

Anotações

Anotações

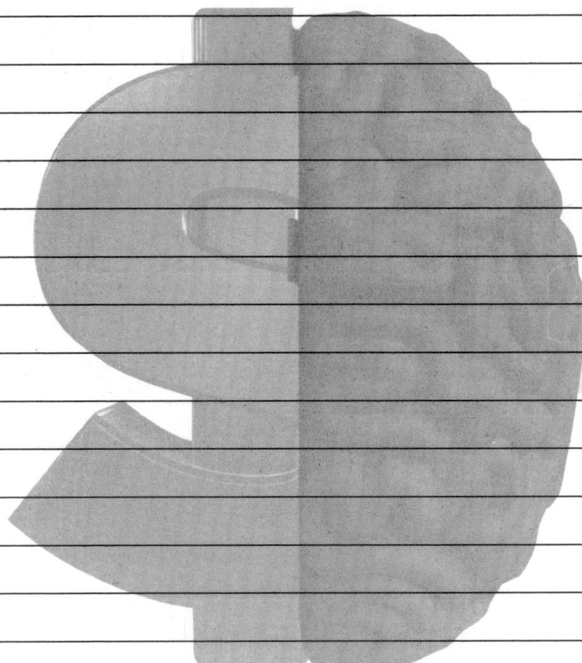

Anotações

Anotações

Anotações

Anotações

Anotações

Anotações

Anotações

Anotações

Anotações

Anotações

EDITORA
CHAVE MESTRA®